企业家成长启示录

QI YE JIA CHENG ZHANG QI SHI LU

索罗斯

世界金融大鳄

刘 力◎编著

中国社会出版社
国家一级出版社★全国百佳图书出版单位

《企业家成长启示录》编委会

写在前面的话

那是1800年，爱尔兰裔法国著名经济学家理查德·坎蒂隆著作了《商业性质概论》一书，他在该书中首次对“企业家”进行了定义，阐释企业家是专门承担风险的人。

后来，奥地利著名政治经济学家约瑟夫·熊彼特在所著《资本主义、社会主义与民主》中指出，企业家就是创新者，就是不断探索新的可能方案，不断寻找新的意义所在，不断发现新的实现自我的途径。按照他的定义，企业家的内涵和外延要广泛得多，不仅包括在交换经济中通常所称的生意人，也包括公司雇佣人员，例如经理、董事会成员等。

美国著名企业家克雷格·霍尔在所著《负责任的企业家》中指出，企业家是做实事的人，是冒险家，是风险承担者，他们对朋友、商界伙伴和社会是负责任的。也就是说，企业家不仅是社会革新者，更是社会责任与信用关系的维护者，并且致力于改进社会。

总之，“企业家是不断在经济结构内部进行‘革命突变’，对旧的生产方式进行‘创造性破坏’，实现经济要素创新组合的人。”他们创造物质财富，推动社会不断进步，使得人们更加幸福。财富虽然只是一个象征，但它与人们的生活、国家的发展、民族的强盛等息息相关。

企业家也创造巨大的精神财富，他们在追求财富过程中所表现出来的创新、冒险、合作、敬业、学习、执着、诚信和服务等精神，值得我们每一个人学习。这种企业家精神是这个特殊群体的共同特征，也是他们独特的个人素质、价值取向以及思维模式，是他们行动的理性超越和精神升华。

当然，企业家是在创造财富的实际行动中，在点点滴滴的事例中体现出伟大精神的。我们在追寻他们成长发展的历程时就会发现，虽然他们成长发展的背景各不相同，但他们在一生中所表现出的辛勤奋斗和顽强拼搏的精神，则是殊途同归的。

写在前面的话

这正如美国著名思想家和文学家爱默生所说："伟大人物最明显的标志，就是他们拥有坚强的意志，不管环境怎样变化，他们的初衷与希望永远不会有丝毫的改变，他们永远会克服一切障碍，达到他们期望的目的。"同时，爱默生认为："所有伟大人物都是从艰苦中脱颖而出的。"

为此，我们特别推出了《企业家成长启示录》丛书，精选荟萃了现当代中外在钢铁、石油、汽车、船运、时装、娱乐、传媒、电脑、信息、商业、金融、投资等方面最具有代表性的企业家，主要以他们的成长历程和人生发展为线索，尽量避免冗长的说教性叙述，采用日常生活中富于启发的小故事来传达他们的精神。尤其着重表现他们所处时代的生活特征和他们建功立业的艰难过程。本套作品充满了精神的力量、创业的经验、经营的学问、管理的智慧以及财富的观念，相信我们广大读者一定会产生强烈的共鸣和巨大的启迪。

为了让广大读者更方便地了解和学习这些企业家，我们还增设了人物简介、经典故事、人物年谱和名人名言等相关内容，使本套作品更具可读性、指向性和知识性。为了更加形象地表现企业家的发展历程，我们还根据他们的成长线索，适当配图，使之图文并茂，形式新颖，以便更加适合读者阅读和收藏。

我们在编撰本套作品时，为了体现内容的系统性和资料的翔实性，参考和借鉴了国内外的大量资料和许多版本，在此向所有辛勤付出的人们表示衷心谢意。但仍难免出现挂一漏万或错误疏忽，恳请读者批评指正，以利于我们修正。我们相信广大读者通过阅读这些著名企业家的人生成长与成功故事，会更好地把握自我成长中的目标和关键点，直至开创自我的幸福人生！

人物简介

名人简介

乔治·索罗斯（George Soros），本名捷尔吉·施瓦茨，匈牙利出生的美国籍犹太裔商人，他是著名货币投机家、股票投资者、慈善家。

1930 年，乔治·索罗斯出生在匈牙利的布达佩斯。

17 岁时，他到英国伦敦经济学院求学。毕业后，他成了一名交易员，在黄金股票套汇方面很擅长。后来，他不满足于伦敦单调的生活，到纽约发展，专门从事黄金和股票的套利活动。

49 岁时，索罗斯在纽约建立了他的第一个基金会，那就是开放社会基金。

54 岁时，他在匈牙利建立了第一个东欧基金会。

57 岁时，他建立了苏联索罗斯基金会。

81 岁时，索罗斯正式宣布结束其多年来的对冲基金经理职业生涯，退休后要全力从事慈善事业。

成就与贡献

索罗斯被称为全球最大的投资者，他与“商品大王”吉姆·罗杰斯合伙成立了“量子基金”，他是基金董事会的主席，也是量子基金集团的顾问。

量子基金是在量子集团内成立最早和规模最大的基金，普遍被认为是多年来在全世界的投资基金中业绩最好的，曾获得巨大利润。后来，索罗斯率领量子基金挑战英格兰银行，并取得胜利，被称为“打

垮英格兰银行的人”，索罗斯个人从中获利数亿美元。

索罗斯不仅是一名投资家，也是一位慈善家。从 20 世纪 70 年代开始，他便逐渐成为一位活跃的慈善家，并利用慈善事业实现他向往的理想社会。他资助在种族隔离政策下的南非黑人学生进入开普敦大学就读。他还在许多国家设立基金资助贫困学生，并提供他们出国留学的机会。

作为一名大慈善家，索罗斯的捐款金额多年蝉联世界首位。他大量捐赠用以改善各国教育和全球贫穷现象，为世界和平与发展作出了贡献。

地位与影响

索罗斯号称“金融天才”，曾获得许多著名大学的名誉博士学位。1995 年，意大利波伦亚大学授予索罗斯最高的荣誉，以表彰他为促进世界各地社会开放所作的努力。

从 1969 年建立量子基金后，索罗斯创下了令人难以置信的业绩，量子基金以平均每年 35% 的综合成长率令华尔街同行望尘莫及。因此，人们相信索罗斯具有能够左右世界金融市场的力量。往往他的一句话就可以使某种商品或货币的交易行情发生突变，市场的价格也会随着他的言论上升或下跌。

一名电视台记者曾这样形象地描述：因为索罗斯投资黄金，所以大家都认为应该投资黄金，于是黄金价格就上涨；索罗斯写文章质疑德国马克的价值，于是马克汇价就下跌；索罗斯投资伦敦的房地产，那里的房地产价格颓势在一夜之间就得以扭转。

索罗斯是大师级的金融理论家，他拥有参与投资游戏的独特方法，拥有认识金融市场所必需的特殊风格，具有独特洞察市场的能力。尽管他管理的对冲基金，投资使用的金融工具，以及使用的资金数量是一般投资者难以超越的，但他的投资方法对一般投资者还是具有一定借鉴启迪的作用。

目录

索罗斯

苦难的童年

生命总是迸发于混乱的边缘，所以，在混乱的状况中生存是我最擅长的。

——索罗斯

出生在犹太家庭

1930年，在匈牙利布达佩斯城的一户犹太人家里出生了一个小男孩，他的父亲给他取名叫“乔治·索罗斯”。

索罗斯悄无声息地来到这个世界上。谁也不会料到这个小娃娃在60年后，会制造了一个又一个的金融奇迹和金融灾难。而在此时此刻，在这个世界上，谁也不会在意世上多了一个叫索罗斯的人。

索罗斯的父亲非常聪明，是一位律师。索罗斯的母亲出身于富裕家庭，是一个犹太富商的女儿。由于母亲的出身，加上父母受教育程度很高，按理说，他们一家本应该十分富裕，不会为经济上的问题烦恼，可是，由于索罗斯的父亲十分懒散，对事业缺乏上进心，所以索罗斯的家庭并不富裕。索罗斯一家经济状况经常处于拮据状态，因此，索罗斯并不像外人看上去那么幸福。

索罗斯的父亲在年轻时头脑非常聪明，而且他还受过系统的教育，具有丰富的法律知识，思想也很活跃，是一名合格的律师。

他原本对未来充满了理想，他希望自己能够成为一个银行家，或者是一个控制巨额财富的商人，或是一个有名望的大律师。按照他的才智，这些理想完全是自身能力能够达到的。

索罗斯的父亲曾经是雄心万丈，想要做一番事业，甚至到了想入非非的程度。可是，在亲身经历了战争之后，他的性格和思想发生了巨大的变化，他见识到了在战争中人性受到的扭曲与摧残，他感到在战争面前，人类的生命是那么的脆弱，因此对生活失去了信心。

第一次世界大战中，政府和当局不断地鼓吹和宣传战争，索罗斯的父亲和当时的许多热血青年一样，在不了解战争真相和战争目的的情况下，头脑一热就自愿报名参军了。

他天真地以为凭借自己的聪明才智和满腔热血，很快就会得到上司的器重与任用，然后他就会被提升为少尉或者更高的职位。

可是，战争是残酷无情的，谁都无法控制战争，更无法预料战争的结果。尽管索罗斯的父亲一腔热血，一心想在战场上立功，可是他没有想到，他还没来得及一展雄才大略，当个英雄，就成了阶下囚。索罗斯的父亲和他的许多战友被俄国人俘虏了。

索罗斯的父亲被俄国人送到荒凉的西伯利亚关在了战俘营中。

那里的条件异常残酷，就是当年汉代使者苏武被扣押，一个人牧羊的地方。在冬天，那里的温度低达零下40摄氏度以下，而且常常是北风呼啸，大雪纷飞，那里的冷空气非常著名，一流动起来的话，半个中国都会受到影响。

在囚禁索罗斯父亲的地方，方圆几百千米都没有人烟。谁要想脱离群体，即使是囚犯一样的群体，就很难生存下去。

在这种情况下，如果在战争中做了俄国人的战俘，几乎没有生还的机会。索罗斯的父亲非常聪明，是个机智勇敢的青年人，他已经意识到了这一点，在这样危险的情况下，他仍然充满了求生的活力。

索罗斯的父亲凭借自己的才智，装成被驯服的战俘，积极设法讨好战俘管理者，并在工作中尽量显示自己在组织方面的特殊才能。他很快就赢得了战俘管理者的信任，也获得了战俘们的好感。于是，他被选为战俘代表。

在俄军的战俘营中当代表绝对不是一件容易的事情。

俄军规定，如果在战俘代表管理的人群当中发生战俘逃跑的事件，首先要处死战俘代表。而这些成了战俘的人，个个都成了亡命之徒，横竖都是死，他们都不愿坐以待毙，他们随时都在寻求逃生的机会。

索罗斯的父亲十分了解这一点，他比别人更聪明。他当战俘代表可不是为俄国人服务，当然更不愿意受逃跑的战俘的牵连被处死，他是想借助当代表的职务便利，联络一些有本事的人，设法逃出这死亡之地。

索罗斯的父亲充分地利用了自己当代表的有利条件，逐渐联络了几十个各有所长，而且又相互信赖的战俘。其中有木工，有铁匠，有医生，有滑雪运动员。他们个个都有独特的本领，对逃出西伯利亚战俘营很有帮助。

当然，索罗斯的父亲也有自己的一技之长，他有的是聪明的头脑，见机行事的眼光和高于他人的组织才能，因此，他很快便成了这群人的领袖。

在他的严密组织和精心策划下，他们秘密了解地形，设计着逃跑的计划，筹备逃跑需要的东西。在冬天快要到来的时候，他们等到了逃跑的机会，这伙逃亡者，趁看守松懈，在一个深夜，悄悄溜出了战俘营。

由于掌握了逃跑需要的地形和地理知识，在索罗斯父亲的带领下，经过一天的长途跋涉，他们来到了一条大河边。

那些会木工的人，这时派上了用场，他们用逃跑时带出的木匠工具在很短的时间里，扎起了一个大木筏。然后，他们也不管方向，就顺流而下。

他们的脑子里只有一个目标，就是尽快逃离战俘营所在地，躲过随时都会出现的追杀，然后再想办法打听如何回到自己的故乡。

这些逃亡的战俘在河面上漂流了几个星期，饥寒交迫。在这段时间里，他们漂流了几百千米。当他们认为自己已经逃过了俄军的追杀时，就上了岸，没法打听到本地区的名字以及所处位置。然后，朝着自己国家的方向走去。

这群战俘意志坚强，在冰天雪地、饥寒交迫的环境中行走了几个月，吃尽了常人难以想象的苦，经受住了残酷环境的折磨，终于回到了他们自己的家乡。

然而，当他得知那些没有逃亡的战俘没有被处死，也没有遭受过痛苦的折磨，而且比他们还早一步回到了自己的祖国时，他感到自己被命运无情地戏弄了。

就在索罗斯的父亲逃亡的那段时间里，俄国发生了十月革命。列宁领导的革命党人推翻了沙皇统治，建立起了新的政权，新政权对第一次世界大战的战俘，实行了人道主义政策，把他们统统释放了。

这个戏剧性的对比让索罗斯的父亲对命运产生了困惑，他觉得命运似乎在捉弄他这么有才能的人。经历了死亡的考验和命运的捉弄之后，索罗斯的父亲性格大变。以往的雄心壮志没有了，那颗聪明的头脑中经常闪现的幻想再也没有了。

索罗斯的父亲虽然还很年轻，但是他的心冷却下来，而且逐渐变得有些懒散。在他的心中产生了“人算不如天算”的宿命论意识。什么理想、追求、对未来的憧憬等，都无法在他的头脑中再激起火花。在他的生命中，剩下的只是生存和生命的延续。

虽然索罗斯的父亲精神颓废，但他在索罗斯的教育上却是煞费苦心。

在父亲的言行中领悟道理

第一次世界大战结束后，老索罗斯火热的青春年华也消失了。他变成了一个意志消沉、得过且过的人。他不再想成为什么有名的人，也不想成为少年时期梦寐以求的富商阔佬，而是想过一天是一天，他觉得这样也很好。

好在他的聪明才智还在，他学习了法律，找了一份律师差使，外加一份不薄的家产，他的日子过得还是不错的，至少算得上是中等人家的生活。

老索罗斯虽然丧失了理想，但却没有丧失幽默和欢乐，他丰富的学识、聪明的头脑、机智的反应和诙谐的语言，都使他显得有一种不同凡响的气质。此外，他还是一个乐观豁达、随遇而安的人。

老索罗斯与人相处，轻松愉快，从不计较什么，除了向人借钱而讨人不愉快之外，他总是能够使周围的环境显得轻松愉快。

尽管老索罗斯意志消沉，不想有什么大的作为了，可是，他的青春年华还在，低沉的情绪没有完全掩盖住他英俊的相貌和聪明才智，因此，一个犹太富商的女儿看上了他。

老索罗斯虽然对未来丧失了理想和追求，但他并不排斥爱情和婚姻。他和那个爱上他的犹太富商的女儿结婚了，这个女人当然就是后来成为投机家的索罗斯的母亲。

婚姻生活再度燃起了他少年时代的理想，老索罗斯对生活又重新找回了信心，他那犹太人经商的聪明才智又开始显露，他除了当律师之外，还购进了一些房地产以及发行了一份世界语杂志，他是世界语方面的行家。这些投资为老索罗斯带来了很可观的收入。

这对犹太人夫妇，在匈牙利布达佩斯市过着幸福而平静的生活。婚后不到几年，他们有了两个儿子。

1926 年，他们生下了大儿子，这个儿子继承了老索罗斯的经商天才，成年之后，没有得到任何丰厚的家产，仅靠父亲遗传的经商头脑和自己的苦干，逐渐成了富甲一方的大商人，在他身上圆了老索罗斯想成为犹太富商的美梦。

1930 年，他们生下了第二个儿子，他们给他取名叫乔治·索罗斯，这个儿子所从事的事业和取得的成就，是老索罗斯意想不到的，他后来创造性地发展了金融投机事业，充分利用了泡沫经济时代提供的商业空间，在投机事业上，取得了老索罗斯根本想象不到的惊人成就。

当然，老索罗斯只看到了他这个儿子的事业的开头，而没有看到他的辉煌。

在乔治·索罗斯的童年时期，老索罗斯得过且过的毛病就已经形成。这毛病给他的儿子或多或少留下了一些印象。

有一段时间，他们住在远离布达佩斯的洛拔岛，而老索罗斯的办公室远离布达佩斯。

他每天晚上回到洛拔岛居住，而早晨到布达佩斯上班。路上要乘船，懒惰的老索罗斯经常睡到船来了才起床，上船时带着刮脸的用具，利用乘船的时间刮他的胡子。他是能多躺一分钟算一分钟。他似乎把什么都看淡了，什么都无所谓，混生度时，得过且过就是他的哲学。

虽然老索罗斯很懒惰。可是，他却从不怠慢儿子，他喜欢自己的孩子，愿意为他们尽到做父亲的责任。因此，尽管他不愿干任何工作，可是，却愿意为儿子们做任何事情。

他把儿子当朋友，和他们在一起闲聊，给他们讲故事，回答他们提出的许多幼稚可笑的问题。

每个孩子都愿意听故事，小索罗斯也不例外，他喜欢听父亲讲故事。老索罗斯经常给儿子一个接一个地讲故事。为了让儿子高兴，他不停地搜寻新故事。

从书上找适合于儿童的故事或者自己编故事。后来，当索罗斯稍大一些，就对父亲的经历产生了兴趣。这时，老索罗斯就给他讲自己如何经历第一次世界大战，在战争中如何被俄国人俘虏，当俘虏后如何设法逃生，在逃生的路上，度过了哪些艰难困苦。

老索罗斯把自己刻骨铭心和九死一生的战俘经历，讲给孩子们听，这对于他们来说，既是动听的故事，又是父亲的亲身经历。这种经历，对孩子们有积极的教育意义。

在索罗斯很小的时候，就发现了自己的父亲不愿意干活，而愿意陪儿子聊天的行为，但他当时不可能了解父亲为什么会这样做。他只知道父亲喜欢和自己聊天。

其实，这是战争的一种创伤。干事缺少激情是人们对未来失望的表现。而愿意为孩子做点事，却是在尽一个做父亲的责任。

老索罗斯很重视对儿子的教育，到了上学的年龄，小索罗斯就进了学校的大门。学校的生活时常让小索罗斯感到枯燥乏味，小索罗斯也难免向父亲抱怨学校的不足。

每个孩子都需要欢乐，老索罗斯很了解这一点。因此，他不仅鼓励自己的孩子要好好学习，而且尽量把课外活动安排得丰富多彩，以便给处在童年的儿子尽可能多的欢乐和幸福。

头脑灵活、求知欲很强的小索罗斯，经常向父亲提出各种各样的要求，这些要求大都是为了满足兴趣的需要。而老索罗斯，总是尽一切努力，设法满足孩子们的要求，不使他们失望。

在小索罗斯的心目中，老索罗斯确实是个好父亲，在他读小学期间，如果他向父亲提外出游玩的要求，父亲就尽一切可能满足他，一旦答应了的事情，父亲从不食言。

给小索罗斯留下印象最深的事情是，如果他事先向父亲提出了到什么地方去玩的请求，那么，当他放学走出校门的时候，父亲总是忠实地等在那里了。他们见面时就像相约的老朋友一样，高高兴兴地离开学校，任由小索罗斯去自己愿意去的地方。

在游历的过程中，为了满足小索斯罗的要求，身上没多少钱的父亲，常常是搜遍了自己的衣服口袋，直至把钱花光为止。

当没有钱去游乐场所时，父亲就带小索罗斯去郊外爬山，或是到河边散步。如果是夏季，就在清清的多瑙河中游泳，游累了，就爬上岸，父子俩躺在河滩上晒太阳，直至把身上的水晒干，把身体晒暖。在这些活动中，父子两个就像朋友一样相处。这让小索罗斯时时刻刻都感受到父亲的爱。

当儿子讲述什么事情的时候，老索罗斯很认真地听着。在儿子说话说累了的时候，老索罗斯就为他讲故事、讲为人处世的道理，还讲商业上的投机门道。在父子的亲密相处中，小索罗斯从父亲那里学到了许多在书本上读不到的道理。

老索罗斯为了满足儿子们的要求，在时间和金钱方面，从来都是非常慷慨的。

让小索罗斯困惑的是，父亲让他去干借钱这种难堪的事，但却用借来的钱带他去游玩。

在世界上，犹太人以善于经商而闻名，在现实批判主义作家巴尔扎克的笔下，犹太人以吝啬著名。这从两个不同的角度说明了犹太人与钱的关系。

一方面，他们能赚钱；另一方面，又很难从他们那里得到钱。不管这些文字章节是真还是假，反正向犹太人借钱并不是件容易事。对此，索罗斯在童年和少年时期就体验到了。

老索罗斯懒散的行为和得过且过的苟且生活态度，使他的家庭经济状况越来越不好。而这个不思进取的男人，一反青少年时期的信念，过起了先借钱，而后工作还钱的生活。

具体地说，老索罗斯在家庭生活无着落时，就去向别人借钱，在欠下债后他再去上班工作，用工作挣来的钱去还账。

虽然他能够对自己的债务负责，一般都能按时把钱还给债主。可是，频繁地借钱，总有惹人讨厌的时候。

小索罗斯上学之后，对父亲经常举债的事情知道的越来越多了。他看到，父亲不仅借债，而且越来越不愿意做任何事情了。

他家的财产，随着父亲不时地变卖而越来越少。财产的减少，家庭经济状况的变差，使得有钱的人更加害怕老索罗斯向他们借债。

生活变得困难起来。为了使孩子们尽可能生活得好一些，他们的母亲每天为生活而奔忙。她通过自己的努力，可以得到一点补贴家中的钱，可是，她不容许喜欢投机取巧的丈夫拿这些钱去玩耍。

小索罗斯现在还不能理解家庭的经济状况，所以，有时还是向父亲提出自己的要求，如到外地去旅游，去滑雪等。虽然经济条件已经不允许这么做了，但是，老索罗斯不愿意扫儿子的兴，而他自己又没办法弄到钱了，于是，他就让小索罗斯自己向亲友借钱。

儿子是尊重父亲的，他不能拒绝。当小索罗斯向亲友提出借钱时，人家表现出来的鄙视的眼神，确实让他感觉不是滋味。

每次借钱之后，父亲就安慰他，这些钱他会想法尽快还给人家的。这对小索罗斯是个安慰。当借到钱之后，父亲就带上索罗斯，到他想去的地方，痛痛快快地玩耍。

每当这时，已经懂事的索罗斯就问父亲，为什么他不去做点能挣钱的工作？为什么不让自己的家里多一些财富。父亲的回答是，财富对于人生来说，是包袱；钱太多了，生活就有了负担；有了钱，人就会变得自私、软弱。

小索罗斯听着父亲这些话，感觉有些道理，不过，他还是认为向人借钱是件不舒服的事。小索罗斯在这种复杂矛盾的环境中成长着。

做事情要靠自己

索罗斯有个比他年长 4 岁的哥哥。这个发育良好的犹太男孩，有着和索罗斯一样聪明的头脑。他身体结实，精力旺盛。

处在少年时期的他对弟弟很不友好，从不会对弟弟谦让，更谈不上保护弟弟，每当两个人同时对一件东西感兴趣，并为此发生争执时，吃亏的总是小索罗斯。毕竟哥哥占尽了身体强壮的便宜。

孩子们在一起玩耍时，小索罗斯也在哥哥那里得不到任何帮助，他不当着小朋友们的面修理他或给他颜色看，就已经算是很照顾他的面子了。

而多数情况是，哥哥要么让他在小朋友面前出丑，要么让他尝尝拳脚的滋味。在与哥哥发生矛盾时，小索罗斯也想反抗，可是，在他反抗时，受到的惩罚会变本加厉。这常常使小索罗斯难以忍受。

少小的年纪，总是把父母当成保护神，每当受了哥哥的欺负，小索罗斯总是跑到父亲那里去告状。在他幼小的心灵中，父亲是爱他的，父亲是他的保护神，父亲会为他主持公道。

然而，父亲听的时候是那么认真，但听完了却连一句公道话也不说，好像什么也没听见。

在童年和少年的成长中，索罗斯一次又一次地受哥哥的欺辱，他一次又一次地到父亲那里去诉说，去寻求为他主持公道。可是，让哥哥受到惩罚的希望却从来没有实现过。

他有时很恨父亲，为什么不能主持公道呢？为什么不惩治坏哥哥呢？

由于得不到父亲的支持，没有人为他撑腰，他渐渐懂得，什么事情都不要依靠任何人，最可靠的是自己，遇到多么困难的问题，不要乞求别人帮助，最根本的办法是靠自己。

他终于悟出了父亲想让他懂得的道理。老于世故的父亲，深深了解生活的艰难，更知道如同海洋中的一叶扁舟的犹太人在这个世界上生活更艰难。因此，他要儿子懂得，干什么事情，遇到多么大的困难和委屈，不要等待别人为自己解决，要靠自己。世界上最可靠的人是自己，是自己的能力和智慧。

勤劳慈爱的母亲

索罗斯的母亲是个很有教养的女人。

优越的家庭环境，使她在少女时期受到过良好的教育。她有文化，懂得一些艺术，也不乏理想和对美好生活的追求。她爱上老索罗斯，是因为，出现在她眼前的是有知识有才能，而且是一表人才的老索罗斯。然而，她却不了解这个在死亡边缘上挣扎回来的人，把世界上的一切都看淡了，甚至对生活都失去了必要的热情。

本该过上流社会生活的索罗斯太太，随着家庭负担的加重和丈夫日甚一日地变卖家产，陷入了为生计而发愁之中。她每天和下层社会的劳动妇女一样，从早忙到晚，为的是全家人有衣穿、有饭吃。

这些都是最基本、最简单的条件。在为满足这些条件而奋斗的过程中，没有什么贵夫人，只有终日劳碌的劳动妇女。理想和现实的巨大反差，使索罗斯太太对老索罗斯很不满。

哪里有不满，哪里就会有抱怨。哪里有抱怨，那里就会有争吵。

在争吵中，夫妻感情出现不睦。在这种情况下，这个有教养的妇女，为了让她的孩子们健康成长，默默忍受着生活的重负，一刻不停地为生活忙碌着。

生活的重担没有摧毁她那慈善的心灵和对孩子们未来的憧憬。她对丈夫虽然有意见，但却对孩子们关怀备至。

不管经济条件多么差，她总是设法让全家人，尤其是她的两个儿子不挨饿受冻。母亲的慈祥，对孩子们是个巨大的鼓舞，母亲的爱，会使孩子们产生爱心。

索罗斯太太不仅在生活上满足她的儿子们，而且还在文化和艺术上尽可能影响他们。儿子尚处在童年时，她就用传统的讲故事的方式来影响他们，还用历史伟人的一些事迹来教育和激励他们。

在家庭关系上，尽管索罗斯太太对她的丈夫很不满，她没有丈夫那样九死一生的经历，因此，她不可能理解丈夫的心情。和死神打过交道的老索罗斯，把什么都看得很淡，而且，处在风雨飘摇的动荡环境中，只要有饭吃就行了，要钱和产业干什么？

然而索罗斯太太并不懂这些，她每天面对的是一家人的生活怎么办。

由于想法不一致，两个人吵架是难以避免的。但是为了不影响两个孩子的成长，她尽量克制自己。因为，争吵的原因，多是由于老索罗斯既不愿意做事，又大手大脚，浪费钱财，而她与丈夫争吵，主要是想维持家庭收支平衡。

母亲的勤劳和慈爱，给童年和少年的索罗斯留下了深刻的印象。他在成为富豪之后，愿意拿出一些钱来投入慈善事业，不能说与母亲的影响毫无关系。

在战火中求生

我们虽然会总结历史教训，但经常重蹈覆辙。

——索罗斯

聪明过人的学生

童年的索罗斯很聪明，他记忆力极好，计算能力很强。可是，这些潜在的东西，在上学时并没有充分表现出来。

当时学校对学生的要求不很严格，课程难度也不大，任何智力正常的学生，只要稍加努力，就能取得不错的成绩。这些简单的课程无法显示出学生们的智力差异。

然而，受父亲影响很深的索罗斯，在骨子里有一种自命不凡的气质，他总觉得自己比别人强，这种自我感觉在与同学相处时，处处都能表现出来。

但是，那些同学根本不买他的账。这些不知道什么是谦虚的孩子，个个都充满了自信，人人都觉得自己是天才，在无法衡量智力高低的条件下，当然谁也不买谁的账。

尽管当时还无法判断哪个孩子聪明或愚笨，但索罗斯的表现却显示出了精力充沛、发展全面的特点，他喜欢游泳、航海、网球等运动项目。在这些方面，他的同学几乎无人能够与他相比。

他在学习文化课程时用不完的精力，就到课外活动中去发泄。

一般的孩子除了学习之外，就是干一些不动脑筋的事情。而索罗斯则不然，他的课外生活非常丰富，除了剧烈的体育活动之外，他还喜欢看书，在上中学时，他就开始读一些成年人都未必能看懂的理论著作了。

据说，他读过马克思的《资本论》，还就书中的一些观点与别人进行讨论。由此可见，索罗斯在少年阶段确实有超出常人的才智，他自认为是天才并不是吹牛。

还有一个例子能证明索罗斯聪明过人。

在和同龄的孩子们进行玩耍、游戏时，索罗斯从不安分，常常搞一些恶作剧，出一些坏点子，总是表现出一种让别的孩子望尘莫及的坏样子。因此，伙伴们把他称作“坏孩子”。

而在这“坏”的行为之中，反映出的恰恰是不同寻常的聪明和灵气。

童年和少年时期的索罗斯精力旺盛，有用不完的力气和精神。他的兴趣特别广泛，伙伴们玩的东西，他大都喜欢参加。而且在玩的过程中，常常别出心裁，加进一些自己发明的内容。

在童年的游戏活动中，给伙伴们留下印象最深的事情是，索罗斯喜欢寻找刺激，越是富有挑战性的活动，他越是愿意参加。孩子们玩的传统游戏他玩遍了，而且，凡是对抗性的游戏，索罗斯只要参加，就设法获胜。

他似乎仅仅是为了获胜才参加这些游戏的。如果在初次参加这些游戏时，他失败了，那么，他绝不会就此罢休，他还要一次又一次地参加下去。在游戏过程中，如果他输了，他就认真地总结，然后，再找机会与对手较量，直至把对手打败。

在对抗性的游戏中，索罗斯不愿意和那些不如自己的人较量，他对于打败比自己弱的对手不感兴趣，认为从弱者那里学不到什么东西，而专门愿意寻找那些强手比赛。越是能战胜他的对手，他越是佩服人家。这样的孩童还是蛮有个性的。

索罗斯把游戏当成了学习的对象，在童年的游戏中，每当一种游戏玩腻了，玩得没有对手了，他就更换一种新的游戏。

起初，在游戏中他遵守既定的规则，当玩腻了之后。他就作出一些改变，使游戏变得更复杂一些，这样，会给人带来一点新的刺激。

当把所有孩子们知道的游戏都玩遍了的时候，索罗斯就觉得玩游戏没什么意思了。这时，他就开始思考新的玩意儿。上初中后，他可能是受了父亲的影响，竟然把股票交易的内容搬到了游戏活动中来。这是一般的孩子不懂，也想象不到的。

当把股票交易内容移植进孩童的游戏后，吸引了许多孩子的兴趣，甚至一些比索罗斯大得多的孩子，也参加到了游戏中来。

索罗斯给这种游戏取了个好听的名字，称它为“资本游戏”。在当时，索罗斯已经开始读《资本论》，至于他能否读懂，就无人知晓了。

但他给带有股票交易内容的游戏加上“资本”这一名称，可能是受了《资本论》的影响。在这种带有赌博性质的游戏中，索罗斯体会到了从来没有过的乐趣，他把这个游戏玩了很长时间，并且对这个游戏产生了终生难忘的印象。

索罗斯一家住在犹太人比较集中的区域，这里的学校既招收犹太人的孩子，也招收非犹太人的孩子。在没有民族敌对情绪的时期，不同民族的孩子相处很好。

随着德国法西斯主义的兴起，排斥犹太人的情绪在欧洲各地逐渐越来越高涨。

虽然孩子们还不懂事，可是，社会问题不能不影响到他们的思想意识，在索罗斯所在的学校中，由于非犹太人对犹太人的仇视，有的非犹太民族的学生就开始咒骂犹太民族的学生。那些犹太人当然不愿沉默，他们针锋相对地还以颜色。

学生们之间的摩擦，起先只是偶然的行为，随着时间的延续，和欧洲排斥犹太人思潮的形成，在学校里也就形成强烈的反犹太人情绪。

在索罗斯就读的学校里，犹太人的孩子占的比例很大，这些充满热血和激情的孩子，不甘受人侮辱。因此，每当有犹太民族的学生受到攻击，他们就群起自卫。个别学生之间的对抗，在社会思潮的影响下，逐渐发展成犹太学生与非犹太学生之间的对立。

至第二次世界大战临近的时期，犹太民族的学生和非犹太学生之间，已经形成势不两立的两个派别。

在非犹太学生与犹太学生对立的事件中，身为犹太人的索罗斯，显得异常冷静和老练，他对两派之间的势不两立情绪一点也不放在心上。他不参加任何一方，也不支持任何一方。

在他身上没有多少民族情绪。他不与任何团体或派别接触，但和每个人接触。即使在学生们冲突最激烈的时候，他照样和两个派别的学生们都保持着友好的关系。

少年索罗斯绝不是和事佬，也不是胆小怕事的孩子。相反，他身体结实，打架时异常勇敢。他不反对或支持那些他不理解的事情，但对于自身的利益，他却看得很重。

索罗斯喜欢打架，为此，他还学会了拳击，在捍卫自己的切身利益时，他是一个激烈的好斗者。谁要敢侵犯索罗斯的利益，或是对他进行人身攻击，他都会还给对方凶狠的拳头。

有一次，索罗斯与一个同学斗得正凶，被老师遇见，学校毫不留情地给了他和另一个同学书面警告处分。

靠假身份证生存

1939 年 9 月 1 日，德国军队对波兰发动进攻，第二次世界大战在欧洲战场展开。炮弹击碎了人们的和平梦。

整个欧洲，逐渐被战火和硝烟吞没。索罗斯一家也很快陷入战争的恐怖之中。

德国法西斯军队发动的战争，在欧洲战场蔓延。最先被战火吞没的是波兰，紧接着是法国、苏联。尽管战争还没有打到匈牙利。可是，世界大战的恐怖却传遍了欧洲大陆的各个角落。

战争造成物资紧缺，粮食供应不足，人们不得不忍受挨饿的痛苦。紧接着是燃料供应紧张，煤炭短缺，取暖成了重大问题。尽管法西斯军队还没有开过来，但战争引起的灾难却早已降临到匈牙利人头上。

随着战争的逼近，这种灾难越来越严重，人们的正常生活已经无法维持，学校不得不停课。

在战争爆发之后，索罗斯一家和绝大多数普通人一样，非常害怕战争，心里祈求战争千万不要降临到匈牙利人头上。在他们的意念中，这战争和他们没有什么关系，愿上帝保佑，也许战火不会烧到他们这里。

可是，纳粹分子对犹太人进行大屠杀的消息传来，这是一个比战争更可怕的消息，因为，在战争爆发后，希特勒对犹太人的迫害已经从驱逐发展到了大规模的屠杀。在奥斯威辛集中营，每天都有大批犹太人被处死。

索罗斯一家也是犹太人，他们每天都在心惊胆战中度过。犹太人都知道，一旦法西斯军队打来，也许其他人能够逃过侵略者的屠刀，因为他们不可能把被占领土上的人都杀光，但犹太人却不会幸免。

自从战火烧起，不管自己所在的地区是否被占领，犹太人都有一种被推到死亡边缘上的感觉。他们生活在朝不保夕的噩梦中。

1944 年春天，尽管盟军已经在欧洲登陆，苏军已经开始了反击。但是，德国军队为了共同防御，进驻了盟友国家匈牙利。德军的意图是在本土之外牵制苏军。

就在德军进驻布达佩斯的这一天，索罗斯一家到洛拔岛度假去了，没有受到战争恐怖的折磨。当索罗斯一家休假结束，再回到布达佩斯的时候，德军已经完成了对这个城市的占领，他们接下来要对犹太人进行清理和屠杀。

如果说德军进驻之前，人们的恐怖情绪是来自于传闻，那么，现在的恐怖就是来自于现实了。

布达佩斯的大街上，排列着一队队的坦克和大炮，全副武装的纳粹军队，不时地走过，那令人心惊胆战的刺刀，随时都可能扎进犹太人的胸膛。

当索罗斯一家从洛拔岛返回到布达佩斯的时候，他们觉得一下子掉进了死神的掌中。索罗斯和他的哥哥也被吓呆了。而老索罗斯至少是在表面上还是那么镇定自若。他已经经历过一次死神的考验，因此，再次经历这种场面，毕竟有了一些经验。

布达佩斯市有上百万犹太人，他们都在东躲西藏地度日。他们不知道德军能够在这里占领多久，也不知道厄运何时降临到自己头上，更不敢想象自己能否活到战争结束的时候。

在这危难时刻，老索罗斯显露出英雄本色。他异常镇静，鼓励和保护孩子，要他们拿出男子汉的勇气去面对现实。他决心用自己的聪明和机智保护好他的家庭。

早在战争到来之前，索罗斯一家就有了准备，他们秘密挖了一个地窖，地窖口设置得很巧妙，砌在了厚厚的石墙里，非常隐蔽，一般人想象不到那里会有地窖口。

进入地窖口后，是一排高低不平的台阶，沿台阶往下走，就是能够供全家人容身的地窖了。老索罗斯不仅提前挖好了地窖，而且准备了必要的生活用品。

他们预先设计的藏身之地共有 10 多处，有几个地窖，还有阁楼，以及其他不引人注意的隐蔽处。老索罗斯想得很周到，如果长期躲在地窖里，人会生病的，于是，就在地下和地上，设置了多处藏身处。这些确实给他的妻子和孩子们带来一些安全感。

但任何生活在这种环境下的孩子，都不可能没有恐怖感，索罗斯和他的哥哥也一样。为了减轻孩子们的恐惧，老索罗斯就在寂寞难熬时和孩子们一起玩赌博游戏。赌博规则是老索罗斯设计的，赌注就是糖果。

索罗斯有喜欢赌博的天性，一旦赌起来，就把生死都忘记了，所以，在死神的鼻子底下，他们享受着短暂的快乐。一旦赌赢了，索罗斯就开心地笑着，吃起他赢得的糖果。

老索罗斯即使赌赢了，也吃不下赢得的糖果。他不会像孩子一样，把死神的威胁都忘记了。

赌博游戏玩腻了，父子之间就练习陌生人之间的对话，进行这种对话的目的是，当在外面需要相互说话时，就装扮成陌生人的样子，不流露出任何父子关系的痕迹。

老索罗斯能够这样细心地引导他的儿子，足以说明，他是一个完全负责的父亲。也许正是这些措施，帮助他的全家免遭杀身之祸。

人们原以为德军的占领仅仅是几天，或几周的事情，因为，盟军和苏军节节胜利，而德军正在败退的消息不断传来。可是，几周过去了，德军还稳固地驻扎在这里。

长期在地窖里生活是不行的，到处东躲西藏地度日也不是个办法。孩子们要上学，德军已经通知过好几次，让学生们尽快返回到学校去，大人们要出来活动，而且，即使不上学、不上班，也要生活，储存在地窖中的食物是有限的，吃光了就需要出去寻找。

出去遇到德军怎么办?

老索罗斯觉得，在非常时期，不能用常规办法解决问题，不能像和平环境下那样循规蹈矩，而是应该采取非常办法。

什么是非常办法呢?他首先想到的是搞假身份证。

他知道，纳粹分子追查的主要对象是犹太人，保持犹太人身份，一旦被侵略者查出，活下来的可能性极小。于是，他先后给儿子、自己以及他的妻子搞来说明他们不是犹太人的假身份证，把他是犹太人这个事实掩盖起来。

索罗斯该去上学了，老索罗斯告诉他，不要承认自己是犹太人，因为，身份证上已经不存在犹太人的痕迹了。

索罗斯到学校后，遇到的第一件事就是，为德军给犹太人送驱逐令，就是给已经挂了号的犹太人送信。

那是一张小纸片，上面的项目很简单，先是写明了姓名和地址，然后是内容，内容也很简单，就是要求名单上的人，立即带上一块毯子和 24 小时的食物，到指定的地点报到，晚了就要受到惩处。

索罗斯异常紧张地从侵略者和他们的匈牙利帮凶那里接过了纸片，他不敢抬起眼睛看向他发放纸片的人，害怕人家怀疑他是犹太人，更怕暴露他的假身份证。

领到纸片后，索罗斯照样不敢按指定的地址去发送，因为，他害怕人家指责他也是犹太人。如果自己的犹太人身份暴露，他就必死无疑。

怎么办？索罗斯提心吊胆地回家去请教父亲。

回到家中，老索罗斯告诉儿子，在这非常时期，要想活下去，就要机智而且胆大，不要老是想着“会不会被人揭穿秘密”，也不要想自己会不会被处死，而是应该坦然地面对现实。

在非常时期，谁聪明，谁就能活下去。

父亲还对他说：“告诉被通知的人，这是驱逐告示，是侵略者让他来传送的。”听了父亲的教导，索罗斯真的非常坦然地给纸片上写着的犹太人去送信了。

那些被恐怖吓得头脑发麻的犹太人，哪里还有心思考虑送信者是什么人，他们几乎全被吓傻了。

在索罗斯送信的对象中，有一个人还居然说：“我是一个守法公民，过去一直如此，现在也不会去违法。”

当然，他说这些话，只能是一种自我安慰，因为，德军是不讲道理的，才不会在乎他是不是个守法公民。

战时特殊的行为方式，对于索罗斯后来搞投机不能说没有一点启发。在特殊情况下，善于搞投机者，机智聪明者，就能够得到自己想得到的结果，而那些循规蹈矩、安于本分的人，很有可能是死路一条。当然，这仅仅存在于特殊情况的前提下，而绝不是普遍真理。

纳粹德国的军队驻扎在布达佩斯已经有几个月的时间了，盟军和苏联军队都还未能打过来，德军还没有撤走的迹象。

怎么办？为了生存，老索罗斯不得不从躲避的地方走出来。开始靠他的假身份证出入于侵略者的管制区。

在这被占领的地方，不仅有德国军队武装看守，而且德军还雇用了一些愿意为他们服务的匈牙利人。

老索罗斯在交往中，了解到一个得到德国人信任的匈牙利人需要钱，就慷慨地帮助了他。从他那里得到的承诺是，在必要时，把老索罗斯的儿子当作自己的儿子，以便不让德国人把他们带走。

索罗斯对父亲的做法有些疑问，老索罗斯就利用躲在地窖里闲着无事的时间给儿子讲，在社会秩序正常的情况下应该守规矩，用合法的办法，解决正常的问题，在非正常的情况下，就应该用非正常的办法解决想解决的问题。

其本意也就是随机应变，讲究实用主义。老索罗斯教给儿子的这些本领，是任何书本上都难学得到的。

老索罗斯利用假身份证自由地在德国人的管制下生活。

当时，各种物资都很紧缺，就连香烟，也实行配给制。每个具有合法身份的人，每天只允许购买 5 支香烟。

老索罗斯每天除了买自己的 5 支香烟外，还经常乞求那些德国兵再多给他几支。当然，老索罗斯并不是为了得到那几支烟才这么做的，而是为了获得德国士兵的同情，他故意装出可怜的样子，这使德国人很瞧不起他，误认为他是典型的本地佬。

每次老索罗斯得到德国士兵的一点恩赐，就表现出非常高兴的样子，嘴里吹起口哨，唱着小曲，头脑和身子摇晃起来。

那个德行，就像电影里的汉奸走狗，见到这种状态，连自己的同胞都难以忍受他那奴颜婢膝的姿态。德国兵更是投来蔑视的目光，在这蔑视的目光中，把他从犹太人中排除出去。

因为，在德国兵看来，犹太人都是些有钱没处花的阔佬大富翁，哪个也不会像这个可怜的中年人一样，为讨到几支廉价的香烟而如此兴奋。

老索罗斯装出来的这种样子，教会了儿子如何随机应变，灵活处世，他是把战争环境当成了特殊的课堂。

精明的老索罗斯很会掌握平衡。

他本来是犹太人，为了生存，他没办法，只得隐瞒自己的犹太人身份。许多同胞对于他是什么人是一清二楚的，老索罗斯很怕他们无意中泄露了自己的身份。他这是在拿性命进行赌博。因此，他在条件允许时，也顾及同胞们的生死和利益。

他每天把从德国人那里领来或乞讨来的东西，如香烟等，悄悄地送给那些被监禁或被限制行动自由的犹太人。他还为几十个犹太人弄来了假身份证，并且亲自解救过几十个人的性命。

布达佩斯是犹太人最集中的区域之一，据说，这里在当时居住着近百万犹太人。在德国人统治期间，大约有40%的犹太人被杀。几乎每天都有成批的无辜生命被消灭。但是，索罗斯一家却生活得安然无恙。

战争摧残着每一个人，就在索罗斯父子利用智慧躲避着德国侵略者的威胁、设法保全性命的时候，索罗斯的母亲却机械地东躲西藏。她没有丈夫那么灵活的头脑，也不像她的儿子那样能够接受老索罗斯的求生之道，她不会装扮或作假，只会躲避。

就在老索罗斯带着儿子回布达佩斯之后，她一个人留在了洛拔岛。

索罗斯夫人经常躲避到无人注意的地方，地窖、阁楼、闲置的房屋，凡是人能去的地方，她都用来当作自己的避难场所。在一段时间里，她常常躲在一间度假用的小屋子里。

在这特殊的时期，自然不会有人出来度假了，因此，她常在此出没，引起了别人的注意。

有一天，她又躲进了常去的那间房子，于是就有好事者报告了警察，称发现了一个犹太人。因为，在当时的环境下，只有被追杀的犹太人才会东躲西藏。

警察接到报告后，立即包围了那间小屋，几个全副武装的警察冲进屋里，索罗斯太太感觉到大祸已经临头，于是，就一动不动地呆坐在那里等待厄运的降临。

警察开始对索罗斯夫人进行审问，她对警察的提问，回答得干脆利落，对所问的问题，她都能机械而干巴地回答出来，除了否认自己是犹太人之外，她一句谎话也没有。

她眼睛盯着屋顶，一脸的木然，好像身边站着的不是警察。

警察没有问出个名堂，不能确认她是否是犹太人，即使真是犹太人，一个中年妇女对他们也没什么威胁。于是，问完了该问的问题，警察就离开了。

就在警察告辞时，索罗斯太太微笑着表示欢送。于是，警察断定，她根本不可能是犹太人。他们认为，她这种高贵的表情，在这种时候，犹太人根本就不会有的。

其实，索罗斯的母亲是被警察吓呆了，她所有的动作，都是机械性的条件反射。这种机械和木然给神经过敏的警察造成了误解，因此，使她躲过了劫难。

搜查和审问索罗斯太太的警察走了很久，索罗斯太太才从惊吓中渐渐清醒过来。这时，她才感受到这个地方已经不安全了，于是，她匆忙逃离这里，跑到布达佩斯去找她的丈夫和儿子。

到了布达佩斯，见到了丈夫和儿子，索罗斯太太仍然惊魂未定，当丈夫把她安置到旅馆中让她休息时，她还被吓得瑟瑟发抖。

老索罗斯利用机智和经验，帮助全家人在侵略者的屠刀下安全地生活着。他们盼望着德国纳粹早日完蛋，以便早日过上正常人的生活。

决心去英国求学

随着盟军的节节胜利，苏军也加快了向德军反击的节奏。纳粹军队终于顶不住了，他们匆匆撤出了匈牙利。

随后，苏军进驻了布达佩斯。匈牙利人又开始了一种新的生活。

反法西斯战争取得了伟大的胜利，战争结束了，人们可以不用东躲西藏地生活了。1945 年秋天，已经 15 岁的索罗斯，根据当地临时政府的要求，又回到了学校。

此时，犹太人和非犹太人不再分成两个班级。

战后的日子并不好过。虽然已经没有死亡的威胁了，可是，生产还未恢复，生活秩序还不正常，即使是学校也不安宁。孩子们逃过了战争的劫难，聚到一起想的不是学习，而是讲述战争期间的经历。

学校的秩序很乱，老师还没有把心思集中到课堂上来，学生们也没有学习兴趣。一些学生把从德军驻地捡来的手枪别在腰上，到学校显示，把真正的手枪当成了玩具。校园里很乱，没有一点学习的气氛。索罗斯不能不受这种环境的影响。

虽然驻军是苏联人，但他们毕竟不是以敌视的态度，而是以友好的行为对待当地人。因此，本地非犹太人开始考虑如何恢复生产，重建自己的家园了。而犹太人却对苏联人持怀疑态度。所以，这些犹太人随时都在准备申请护照，变卖家产，以便寻机离开这里。

索罗斯的父亲在俄国经历过死难的考验，他更不愿意与苏联人共处，因此，比其他人有更强烈的出逃愿望。这些犹太人都在暗中准备着寻机逃跑。

一般犹太人都有丰厚的财产，一些人还有大量的不动产。这些财产都是他们用血汗和智慧换来的，因此，他们不想轻易放弃。

在想离开这里时，还有一个沉重的“包袱”，如果财产处理不掉，他们就不愿意离开。而老索罗斯就不同了，他早在战前，就把自己的财产变卖得差不多了。现在看来，老索罗斯做对了，他们没有了包袱，只要拿到护照，随时都可以离开这里。

对于喜欢投机取巧的索罗斯一家来说，他们显然不喜欢目前这种一成不变的生活。特别是老索罗斯夫妇，更不喜欢如此平淡无奇的日子，他们随时准备着离开这里。

善于动脑筋的老索罗斯，为了把儿子引导到西方世界，在暗中做着儿子们的工作。他从苏联人进入匈牙利的时候起，就开始给儿子讲在俄国经受的灾难。

他把苏联描述成一个使人望而生畏的地方。同时，还经常对苏联人带来的制度表示不满。在大讲苏联消极方面的同时，也给儿子灌输西方的自由意志。

索罗斯和他的哥哥在听老索罗斯讲述这些故事一样的经历中，慢慢产生出对东方世界的反感，相比之下，对西方世界充满了幻想。

第二次世界大战后的东欧，是苏联和西方英美国家争夺的区域。苏联人极力想控制这里，把一切能够派驻军队的地方，全部进驻了军队。在舆论上，也设法影响这里的群众。

而英美也不示弱，他们同样调动一切有用的工具，图谋对东欧实行控制。为此，英国人利用无线电广播的优势，对东欧实施舆论宣传。这些广播，一方面宣传西方自由世界的美好；另一方面，贬低和丑化苏维埃社会主义制度。

在父亲的诱导和英国广播的影响下，索罗斯越来越感到新制度带给他的限制和压抑，他喜欢自由、冒险和投机，而在新制度下，这些东西不仅受到限制，而且受到打击。

就在索罗斯感受到压抑时，父亲适时地问他：“你有没有想过自己去闯一条不受压抑的路呢？”

这话激起了索罗斯的理想，他当即回答：“当然有过。”

父亲又问：“你打算到什么地方去呢？”

这时，索罗斯逐渐产生出到英国去的念头。在父亲的刺激下，他坚定地说：“我要去英国。”

就这样，15岁的索罗斯定下了自己的去向。

但是，出国需要护照，因此，就从打定主意的这一天起，索罗斯就开始盼望得到出国护照，一旦拿到护照，他就会义无反顾地离开他出生和成长的地方。

不厌其烦办护照

苏联人占领匈牙利之初，对于出国有了控制，任何人都不能随便出入于东西方世界了。谁要想到英、美国家去，必须有正当的理由。主要的理由只能是出国探亲、学习等。

对于未成年的索罗斯来说，出国学习是最好的理由。

政府规定，要想出国学习，必须有接受国家的学校证明，否则，不给办理护照。怎样才能弄到一张英国的学校证明呢？这使索罗斯犯了难。

后来，他们在亲戚的帮助下，终于搞到了去英国学习的证明。索罗斯拿着这救命稻草一样的证明去警察局办理护照。然而，有了证明，办理护照也不是件容易事。

年轻的索罗斯在警察局碰了几次钉子之后，有些心灰意冷了。历经磨难的老索罗斯看透了儿子的心理，就鼓励他说："你为什么不多跑几趟警察局呢？多跑对你又会有什么损失呢？"

几句话又鼓起了索罗斯的勇气。

为了得到护照，索罗斯寻求哥哥的帮助，这时，哥哥已经成年，他有个同学正在警察局工作。哥哥答应帮忙，并通过他的同学把索罗斯的材料送了上去。同时，让索罗斯天天跟在办理护照的办公室人员的后面，让他们不要忘记他的事。索罗斯照办了。

索罗斯每天都到警察局护照办公室，跟在办理护照的警察后面。尽管这样很难堪，可是，为了得到他想得到的东西，他什么也不顾了。

这种行为惹恼了警察局的人员，主管办理护照的负责人生气地说："谁的护照都可以办，就是不给这个令人讨厌的小伙子办。"

索罗斯真的使警察局的人恼火了，其实连他自己都感到厌烦了。尤其这一次，在他听了这话以后，他开始有些恨哥哥，是他让自己这么做的。

这样做，既让他难堪丢人，又没办成护照。然而，索罗斯是聪明的，他又想，如果就此罢休，也许永远拿不到护照，于是，他继续干令警察讨厌的事。

他的耐性终于使警察不耐烦了，一个警察说，赶快给这家伙把护照办了，打发他走得远远的。

就这样，索罗斯软磨硬泡，终于得到了自己想要的东西。

拿到护照后，年仅 17 岁的索罗斯，独自一个人离开了匈牙利，离开了父母和家庭，去一个陌生的世界，自己去闯天下。

艰难的求学路

我生来一贫如洗，但决不能死时仍旧贫困潦倒！

——索罗斯

半工半读求学

1947年秋季，索罗斯只身离开祖国。

索罗斯的兄弟保罗因为急于完成工程专业的学习，在匈牙利又待了一年。

索罗斯的第一站是瑞士的伯尔尼，但很快他又前往伦敦，那里似乎对这个年轻人更有吸引力。由于有父亲的帮助，索罗斯有足够的钱旅行。

但一旦到达目的地，他就必须自己谋生了。他唯一的生活费用来源是他的一位姨妈，她已经在美国佛罗里达定居。

虽然索罗斯认为能在英国找到更好的生活，但他发现自己一文不名，孑然一身，这个城市能提供的一切乐趣都与他无关。这是他一生中最艰难的时光。

他孤单寂寞，精神恍惚地尽力在黯淡中寻找光亮。坐在伦敦一家小咖啡馆里，他半开玩笑地想着自己的心事："这就是我，处于底层。这种感觉不是很有意思吗？能走的方向只有一个。"

当然，底层感觉不是什么有意思的感觉，这个18岁的小伙子能做的只是接受安排，频繁地更换工作，期待着时来运转。

索罗斯在上流社会往来频繁的伦敦梅福区的一家叫作夸格利诺的餐厅当服务生。每天晚上权贵和影星们在这里觥筹交错，歌舞升平。有时候，当他身无分文时，他只能吃些残羹剩饭。

后来在回忆这段生活时，他还清晰地记得自己曾嫉妒一只猫，因为那只猫吃的是沙丁鱼。

索罗斯在英国无亲无故。他除了要学习之外，还要出去做一些工作，以免让自己挨饿。当然，他那时学业也没完成，很难找到像样的工作。

他只得当临时工，就连当临时工也是很不稳定的，很快，他从一份临时工跳到另一份临时工。

1948 年夏季，作为“施土地以援手”项目的一部分，他干起了农活。这个后来 20 世纪 90 年代成为国际金融界重要人物的小伙子组织了一次罢工运动，使得农场工人们的按日计酬方式改为按劳计酬。

由于索罗斯的努力，他和其他雇工们的收入有所改善。他在萨福克采摘苹果，他还干过家庭油漆匠。后来他还跟朋友们吹嘘自己刷油漆的手艺很不赖。

低贱的工作，一贫如洗和孤独无助，使生活毫无乐趣可言。

到了第二年，索罗斯再也无法忍受自己这副落魄的样子。“从那时起，我就怀着这样一份担忧，担心自己会再次掉到底层。掉过一次，我不想再掉第二次。”

对哲学的偏爱

根据记载，索罗斯进入伦敦经济学院的时期，在这里任教的有许多知名人物。

在经济学领域中，有坚持社会主义倾向的哈罗德·拉斯基教授，后来得过诺贝尔经济学奖的约翰·米德教授；有宣传自由市场经济的弗雷德里奇·伍德·海克教授等；在哲学方面，有著名的教授怀特海，还有后来产生广泛影响的哲学大师卡尔·波普尔。

在经济学院，经济学的课程理所当然是占主导地位的，其他的各种学问处于从属地位。凡是进入经济学院的学生，一般都应该对经济学知识感兴趣，而对于其他课程，则是猎奇或选修。

索罗斯进入该校的初衷无疑也是想学习经济学知识，以便为日后的谋生创造条件。

在进经济学院之前，索罗斯或许对经济学知识略有所知，因为，他父亲为了满足家庭生活的需要，不时搞一点经济投机活动，在父亲身边生活了 17 年的索罗斯，不可能不受父亲经济学知识的影响。

但是，哲学学问对于索罗斯来说，则可能是全新的，根据他入伦敦经济学院之前的经历，他没有资格接触哲学问题，更没有一个懂得哲学的人跟他在一起生活过。

进入经济学院后，索罗斯如饥似渴地吸吮着各种知识。他把求知的渴望，聪明的头脑与知识的海洋融汇在一起，对各种知识兼收并蓄。

起初，他对各门知识都感兴趣，可是，学习了一段时间后，他就觉得他原来向往的经济学知识太浅薄，还没有哲学有意思。于是，他就慢慢对哲学课程产生了更大的兴趣。

哲学和经济学的最大差异也许在于，前者告诉人们的不仅是理论知识，更重要的还有思维方法；而后者教给人们的除了知识，还是知识。对于一个追求新奇思想的学生来说，理论或逻辑思维能力越强，就越是喜欢哲学的探讨，而不满足于一些平淡无奇的经济学知识。

索罗斯在学习中产生出喜欢哲学更胜于经济学的倾向，也许是出于这样的原因。

索罗斯本是为谋生、赚钱而选择了经济学院，但在学习中又对哲学发生了兴趣。这似乎是矛盾的，其实不然，即使为了赚钱，学习哲学也没有什么坏处。

在西方社会流传着这样一个故事：

一位哲学家和一位工程师是一对诚挚的好友。他们相约一起旅游非洲。当他们来到埃及后，准备参观金字塔和尼罗河，于是，先住了下来。

住进旅馆之后，哲学家倒在床上思考旅行的收获，他的朋友无事可做，就一个人到大街上溜达。

一个老妇女高喊着："卖猫啦！"从工程师的身边走过。

他好奇地看了一眼。

正巧，老妇人抱的猫头朝着工程师。他那观察机械故障能够明察秋毫的眼睛，一下就看出了这只黑色铸铁猫的眼睛非同一般，就把老妇人叫住了。他问："你这只猫卖多少钱？"

老妇人说："这是一只传世之宝，不是由于孙子病重等待钱用，我是不会卖的。"

工程师说："你干脆些，要多少钱？"边说，他边把猫接了过来。就在询价的同时，他已经看清楚了，猫的这一双眼睛是一对硕大的珍珠。

老妇人说："你给 500 美元就拿走吧！"

工程师讲："我不要你的猫身子，只要两只眼睛，给你300美元卖不卖？"

老妇人想了想，觉得合算，就答应了。

于是，工程师掏出300美元买走了两只猫眼睛。

工程师回到旅馆，兴奋地对他的哲学家朋友说："我发财啦！"

哲学家停住他的理论思考，问朋友："发生了什么事？"

工程师就把经过讲给了哲学家。

哲学家听后立即问："现在老妇人在什么地方？"

工程师告诉了他老妇人卖猫的位置。

哲学家马上翻身下床，什么话也没说就出去了。过了大约半个小时，哲学家抱着那只被工程师挖走了眼睛的铁猫回来了。他进门就说："我花了200美元，把你挖走了眼睛的猫身子买回来了。"

工程师一听，就嘲笑起他的朋友来："花200美元买回个铁疙瘩，难怪人们说你们搞哲学的个个是书呆子。"

听他如此奚落，哲学家并不答话，而是拿出一个刮脸刀片，轻轻地刮猫的脚。

工程师感到奇怪，历来只动脑筋而不愿动手的哲学家怎么也动起手来啦？好奇心促使他朝哲学家凑了过来。

不一会儿，刀片刮出了一片金黄的颜色。工程师傻了眼，他不解地问："你怎么知道这只猫是用金子铸造的？"

哲学家回答说："道理很简单，谁会给不值钱的铁猫装上两只价值昂贵的珍珠眼睛呢？我从你拿回来的猫眼睛中，得知这绝不是一只铸铁猫，而是一只远比那两只珍珠眼睛贵重得多的猫。"

听哲学家如此一说，工程师不得不连连称佩服。

这时，哲学家摆出了师爷的架势对他的朋友说："你很聪明，搞工程技术的眼光是明亮的，但你所看到的常常是简单的表面现象，缺乏一种深层的思维艺术，因此，你们的思维是机械的、直观的，因此，也是简单的，而哲学的思维是抽象的，是深层的，因此，是能够看到事物本质的。”

这个故事是用通俗的方式，说明哲学思维与工程技术人员思维方式的不同。其实，经济管理人员和工程师有着同样的思维形式，他们同样缺少抽象思维能力。

至于索罗斯当年迷上哲学时是否听到过这个故事，人们不得而知，但他喜欢哲学与他的聪明才智有直接关系，而且，哲学的头脑在他日后的投机判断中，帮了他的大忙，这些也是不争的事实。

索罗斯在从事金融工作和金融投机活动的过程中，一直喜欢哲学，并常常用哲学的思维分析和判断问题。

在他的理论思维形成的过程中，受到了许多西方哲学家的影响，但其中影响较大，而且较受索罗斯钦佩的哲学家，应该算是卡尔·波普尔了。

也许正是他的哲学思想，使索罗斯这个学习经济学的学生对哲学发生了兴趣。而且还可能是他的思想，帮助索罗斯形成独特的投机思想。因此，在了解索罗斯成长的过程中，少不了应该了解卡尔·波普尔。

卡尔·波普尔于 1902 年出身于奥地利一个知识分子家庭，他和索罗斯一样，也是犹太人，自幼受到良好的教育。17 岁时，一度信仰过共产主义，不过，很快他就放弃了这种信仰，并专心致力于哲学研究，年仅 26 岁就获得了博士学位。

他于 1935 年至 1936 年，先后两次应邀到英国讲学，当时是个很年轻的学者。1937 年，到新西兰坎特伯雷大学从事哲学工作。第二次世界大战后，他来到英国，并于 1945 年到伦敦经济学院担任教授，他讲授的主要课程是，逻辑学和科学方法。

在英国定居并加入英国国籍后，于 1949 年，担任了伦敦经济学院的哲学、逻辑学和科学方法系主任。后来他成了英国和西方世界的著名哲学家，被封为爵士，还是英国皇家学会的成员和英国科学院成员。

1949年，索罗斯到伦敦经济学院就读时，卡尔·波普尔的学术思想在英国已经开始被接纳，他在经济学院担任的不是主课，但由于他的自由主义思想和开阔的哲学思维，使他获得了大量青年学生的推崇。他开设的逻辑学、科学方法论等，都是该学院很热门的课程。

索罗斯开始听波普尔的课也是慕名而来，然而，听过几次课之后，他就被波普尔的思想吸引住了。于是，波普尔的哲学思想成了索罗斯在经济学院读书时最喜欢的课程之一。

波普尔的哲学思维，对索罗斯思想的发展，无疑起到了重要的引导作用。

当波普尔开始讲授他的社会哲学思想时，索罗斯就更加对他的课程入迷了。波普尔把他的批判理性主义和猜想与反驳的科学哲学方法运用于研究社会历史问题，得出了社会历史的发展是没有规律可循的结论，他反对马克思主义的历史唯物主义理论，把它归结为“历史决定论”。

波普尔的思想是深奥的，他的讲授并没有引起多大的影响，许多学生，特别是英国和美国的学生并不理解他的思想。但是，他讲授的开放社会与专制制度的对立却引起了索罗斯的共鸣。

当时还不满20岁的索罗斯经历的社会现象太多了，他先是经历了第二次世界大战之前匈牙利的自由资本主义制度，接下来是法西斯独裁，其后又是苏联带来的社会主义制度。

在法西斯统治下他过的是隐瞒犹太人身份的生活，随时都有可能丢掉性命。而苏联带来的新的社会制度，虽然没有生命危险，但却使他离开匈牙利时颇费周折和他的父母迟迟不能离开匈牙利。所以，波普尔对苏联制度和法西斯独裁制度的批判，引起了索罗斯强烈的共鸣。

在索罗斯看来，法西斯独裁和苏联的社会制度，在本质上是一样的，都是给他带来灾难和不便的制度。在听波普尔讲授社会哲学的学生中，索罗斯成了波普尔思想的共鸣者和忠实拥护者。

其实，索罗斯对波普尔思想的拥护，与其说是思想上的理解，倒不如说是情感上的接受。

索罗斯在激情的作用下，开始围绕波普尔的社会哲学思想写论文。

当他的论文写好，并自认为可以的时候，索罗斯就大着胆子去找波普尔。他来到波普尔的办公室，递上了他的论文，然后，请求道："先生，我是伦敦经济学院的学生，我能找您谈谈吗？"

这时的波普尔已经名气很大了，想见他的青年学生很多，作为一个学者他又不可能像电影明星那样，频繁地出现在幼稚的拥护者面前，可他又不愿意让他的学生失望，于是，就约定了一个时间，答应在这个时间和索罗斯见面。

波普尔要接见索罗斯并与他交谈社会哲学问题的消息一经传出，引起了许多学生们的嫉妒。他们认为，自己作为英国的学生还没有得到过波普尔的单独接见，而索罗斯是一个从东欧来的学生，却受到波普尔的单独接见，还要和他讨论哲学问题，他们对此很有意见。这也使索罗斯认识到了一些人情现象。

索罗斯的论文确实让波普尔高兴了一阵。

他以为，他的思想终于有人能够理解了。按照约定的时间，索罗斯见到了被学生们簇拥着的波普尔。

当索罗斯出现在波普尔面前，并说明自己是某篇文章的作者时，波普尔仔细打量了索罗斯一番之后，提出的问题竟然是："你不是美国人？"

索罗斯疑惑地回答："对，我不是美国人，是匈牙利人。"

波普尔说："我看到你的文章后，还以为你是个美国人，并高兴地想，我的思想终于有一个美国青年能够理解了。然而，你不是美国人，这使我很失望，我想让我的思想传过大西洋，进入美国的自由世界。可是，你却不是美国人，而是东欧人，你经历过欧洲人在近年所经历过的一切，当然对我提出的一些东西能够理解，但是，你并不是我的理论的传播对象，从这个意义上说，这使我失望。"

波普尔的话使对他满怀敬仰的索罗斯心凉了半截。他想，哲学家也是势利眼？这理论思维还讲究对象？让美国人理解了，教授就高兴？而让东欧人理解了，就降低了他的身份？也许波普尔想让他的思想影响美洲大陆，以便把他的哲学传遍西方世界。

他热切希望有个美国青年理解他的思想并对他的思想感兴趣，这样，就会有美国人邀请他，他就能把他的课程开到大西洋对岸去。正是带着这种思想，他把索罗斯误认为是美国人，而一旦弄清楚他的真实身份后，波普尔为此大失所望。

波普尔的失望当然也就引起了索罗斯的失望。但是，波普尔毕竟是个学者，能够理解学生的心情，他见索罗斯听了他的话后，表现出失望的样子，有些不忍心，于是，就对这个来自东欧的可怜小伙子说了一些鼓励的话，这使索罗斯那颗冰冷的心稍稍得到一点安慰。

尽管索罗斯第一次见波普尔，除了疑惑之外，几乎没有得到什么东西，但是，索罗斯却一直喜欢波普尔的哲学思想，并与这位西方著名的学者保持着联系。

申请救济被拒

进入伦敦经济学院之后，索罗斯一度很惬意，他来英国的理想实现了，他就是来这里上学的，现在，已经有学上了，而且，找到了他喜欢的老师，这对于一个虚心好学的青年来说，是多么好的事情。

注册入学之后，索罗斯一度热心学习，把其他的什么事情暂时忘却了。可是，随着他的钱袋越来越瘪，而给父亲去信要钱又迟迟得不到答复，他的心也就发起虚来。大学不是慈善机构，这里和社会的各个角落一样，干什么都要钱。

索罗斯的钱从哪里来？父亲不定期地寄来一点，注册入学之前，他自己干临时工，积攒了一点。除此之外，再没有别的来源了。

英国的亲友并不想理他，因为，他们认为这个东欧来的穷亲戚，除了给他们增加负担之外，别的不会带来什么。所以，索罗斯不能指望在英国的亲友帮助什么。

在经济学院读书不久，索罗斯就开始为生计和学费而发愁。到哪里去弄钱？这个问题搞得索罗斯无法安心上课。

在他愁眉不展的时候，有人告诉他，在伦敦市区有一个“犹太人救济委员会”。索罗斯是犹太人，也许到那里能得到一点帮助。

索罗斯听到这个消息，就像接到父亲的汇款单一样高兴。他觉得自己有救了。索罗斯认为，他有充分的理由得到救济委员会的帮助。

这一天，索罗斯满怀希望地找到了犹太人救济委员会。当他敲门进入该委员会的办公室时，那里的工作人员，就像政府机构油滑的办事员一样，爱答不理地接待了他。他们让索罗斯申诉自己申请救济的理由。

索罗斯说：“我从匈牙利来到英国，在这里举目无亲，父母在匈牙利也是很贫困，不能为我提供资助，因此，为了生存，我需要救济。”

工作人员心不在焉地听完了他说的话之后，问道：“那么，你来英国的目的是干什么呢？既然你的父母都在匈牙利，你为什么不留在那里而独自一个人跑到英国来呢？”

索罗斯立即解释说：“我到这里来，是为了求学的，如果不是上学，我完全有条件养活自己，就是由于读书，没有时间打工，才造成了生活无着……”

“我们这里不救济上学的人。”不等索罗斯讲完，救济委员会的工作人员就打断了他的话，“既然你有钱读书，怎么可能没钱生活呢？”

索罗斯听到这些，心里一下子就凉了，他赶紧问：“那么，这里救济什么人呢？”

“这里救济的是那些雇工，而不是学生。”工作人员回答说。

索罗斯听后觉得很好笑，他说：“正因为上学，没有时间打工，才没有饭吃，没有饭吃才来这里要求救济，如果我不读书，有时间去打工，干吗还到这里申请救济？”

“这里不是讨论问题的地方，我们工作很忙，请你离开这里，外面的人还等着办理申请呢！”不容索罗斯再继续分辩，救济委员会的工作人员，把他“请”了出来。

被逐出救济委员会的索罗斯又气又恨，他觉得这些人怎么这么可恨，本来学生是最需要救济的人，可是，他们却不考虑学生。索罗斯觉得这太不合理了，为此，他愤愤不平。

索罗斯在第一次申请救济被拒绝后，又多次到救济委员会。然而，得到的结果是一样的。起初，人家还能听他申诉一下理由，到后来，那些人都认识了这个固执的小伙子，因此，他再来时，人家根本就不接待他了，索罗斯彻底被拒之门外。

索罗斯已经身无分文，等待父亲寄钱又是遥遥无期之事，到救济委员会申请又被拒之门外。怎么办？

他只有自己去干临时工一条路了。这时，索罗斯不得不一面读书，一面去找工作。

伦敦并不是就业者的天堂，这里的工作并不好找。

索罗斯翻看着报纸广告栏，希望能找到一份工作。他还到大街上去找雇用学生的商场、企业。可是，他找工作和找救济委员会的遭遇也差不了多少。尽管战后英国的经济正处在恢复和发展的过程中，但就业机会也不多，特别是适合学生干的脑力劳动职位更少。

为了生存，索罗斯不得不考虑干体力劳动。尽管索罗斯不愿意干体力劳动，同样，体力劳动的职位也不愿意接纳他。因为，即使是卖苦力的活儿，也没有多少空位置。

索罗斯费尽周折，终于在铁路上找到了一个在夜间替换搬运工的活儿。这是一项很苦的差使，工作不规律，把需要火车装运的货物，先堆积到站台上等火车开过来之后，要在有限的时间内把该运走的物品装上车。

劳动强度很大，一般的体力劳动者都感觉不轻松，对于正在上学的索罗斯来说，这更是一件力不从心的活计。

然而，为了吃饭，为了生存，他不得不白天上课，晚上去做搬运。

索罗斯身体素质不错，如果仅仅满足眼前的生存需要，他做个搬运工，而不去上学，生活也不会太累，但是，他绝不想永远干苦力，现在卖苦力，仅仅是为了满足眼前的需求，只有坚持学习，将来才能更好地生存，对此，索罗斯认识非常明确。因此，不管多苦多累，索罗斯也决心把学习坚持下去。

白天坚持 10 多个小时的学习，晚上再去扛大包搞搬运，这对于任何一个身强力壮的人来说，也难以长期坚持，何况对于一学生，这更是一件不容易的事情，但索罗斯还是咬牙坚持着。

人的身体一旦处于极度疲劳状态，稍有不慎，就可能造成自身的损伤。

索罗斯在搬运货物的过程中，一不小心，折断了自己的一条腿。这真是“屋漏又逢连夜雨”，断腿的伤痛和没有生活来源的困难，使本来就已经痛苦不堪的索罗斯更是苦上加苦。腿断了，虽然是在工作中弄伤的，但是，由于他干的是替换班的临时工，所以铁路方面并不管他，仅仅把他往外一推就算结束了他的这项工作。

到了这种地步，索罗斯真是欲哭无泪。这时的索罗斯身无分文，举目无亲，生活无着落，腿又折断。任何人到了这步田地，都会感到和进地狱已经没有什么差别了。

困难是对意志的考验。意志脆弱者，在困难面前，可能只会哭泣，而意志顽强者，在困难面前则应该是思考克服困难的办法。

索罗斯显然属于意志顽强者。他在处理完伤腿之后，就不得不重新考虑如何解决生存问题。

他可不能到大街上去等待别人施舍，至少那样他不至于饿死。他要靠自己的努力来克服面前的困难。想来想去，他觉得还是应该去找那让他憎恨的犹太人救济委员会。

他想，既然是救济犹太人的，那么，索罗斯认为现在他是最需要救济的人之一，有什么理由不救济他呢？

索罗斯拖着那只刚刚接上的腿，一步一步艰难地来到了犹太人救济委员会办公室。这里名义上称作“慈善机构”，可是，这里的人员却不怎么和慈善沾边。索罗斯对于他们的态度和作风已经深有体会。

当他又出现在救济委员会办公室工作人员面前的时候，接待人员一眼就认出了他，还没等索罗斯说一句话，对方就用斥责语气问：“你怎么又来了？不是早就告诉你，你不符合我们的救济原则吗？”

索罗斯很气愤，也很无奈。他不得不忍住气愤，开动脑筋，想办法达到自己申领救济的目的。

这时，他想起了父亲在战争中造假身份证时说过的话：

非常时期，就得用非常办法。

索罗斯认为，现在他到了非常时期，用正规的办法和老实的行为，已经不能解决问题了。于是，他灵机一动，就编造了一些半真半假的内容。

索罗斯告诉救济委员会的工作人员："我因为生活所迫，已经中断了学习，靠打零工生存，而现在，腿又被折断了，连打工的能力也没有了，而且，我在英国的生活还不合法，无法得到政府的救济。"

在申诉中，他还表现出非常愁苦的样子。他说的这些内容，除了中断学业和在英国居住不合法之外，其余全是真的。他现在也确实忍受着一般人无法忍受的痛苦。

索罗斯痛苦的申诉，感动了救济委员会的工作人员，他们认为索罗斯已经符合领取救济的条件了。

不过，他需要填几张表，这些表在不同的办公室，这些办公室又设在不同的楼层。那些靠慈善事业吃饭的人，并没有多少慈善心肠，见到索罗斯走路艰难的样子，并没有人动一动恻隐之心，没有人愿意为索罗斯爬爬楼，帮助他填填表格，以便减轻一点这个伤者的痛苦，而是让索罗斯自己拄着拐杖，一层一层地爬楼，去申请他必须得到的一点救济。

索罗斯拖着伤腿，无比艰难地一步一步地爬着，每走一步，他都要忍住钻心的疼痛，每走一步，他的头上都要冒汗，而心里都如同淌血。

几经周折，索罗斯楼上楼下地爬了几个来回，表格总算填完了，得到的答复是："回去等着吧！"救济委员会的人声称："还要经过调查和研究，才能确定能否批准他的申请。"

索罗斯现在需要的是，马上能得到救济，而不是等待。可是，这是办不到的。索罗斯只好无可奈何地怀着一线希望离开了该诅咒的救济委员会。

在困苦中挣扎的索罗斯，为了得到犹太人救济委员会的一点救济，拖着受伤的腿，又多次到救济委员会询问，直至他已经跑得不耐烦了，这才领到了一点救济。而且，这救济是按周发放，一次发放的数目仅够一个人一周的生活费。

为了领这点救济，索罗斯需要每周到那令他讨厌的救济委员会办公室去一趟。

费尽周折的索罗斯终于领到了第一次救济。虽然钱少得可怜，但也是来之不易的。这救命稻草一样的一点钱，使索罗斯那颗严重受到伤害的心稍稍得到一点安慰。

索罗斯领到的救济仅仅持续了几周时间就被中断了，他不得不找到救济委员会去问个究竟。

他得到的答复却是，他提供的情况有假。索罗斯听后非常气愤。回到宿舍后，索罗斯以无比的愤慨和悲哀的心情，写了一封申诉信寄给了救济委员会。

在当时的境况和心理条件下，他不可能对救济委员会写出什么好话来。那封信的措辞肯定是激烈的。

不过，这封信对于索罗斯领取救济来说，却是起了他所盼望的作用，救济委员会不仅恢复了对他的救济，而且不再让他自己去领钱，而是每周按时给他寄来。这使困难而无助的索罗斯重新获得了救助。有了生存基本保障，他又可以安心读书了。

在最困难的时候，年轻的索罗斯发誓："我生而贫穷，但绝不会穷死。"

愉快充实的夏天

索罗斯希望将来要赚很多很多的钱，让自己的生活和学习不受经济贫困的影响，要挣很多很多的钱，自己也设置一个“救济委员会”，去帮助那些贫困的，最需要帮助的人。

犹太人救济委员会虽然给了索罗斯救济，但也确实伤了他的心，他对这个机构很厌恶。因此，他在自己的腿好了之后，并不告诉救济委员会停止对他的救济，即使在他离开英国到法国旅行时，也不通知这个机构，让它继续给自己寄钱。

索罗斯想以此来报复一下救济委员会。可是，当救济委员会发现了这个问题后，不仅停发了索罗斯的救济，还通知这个委员会设在各地的分支机构，今后不得再受理一个叫乔治·索罗斯的犹太人的任何救济申请。

索罗斯养好了自己的腿，度过了一生中最困难的时刻。

这时，他的救济款已经被彻底停止了，而且，根据犹太人救济委员会对他的惩罚，他也知道，已经不可能再领到任何救济了。他不得不完全靠自己赚钱生存和缴纳学费了。于是，他又开始了半工半读的生活。

那时正值夏天，一个偶然的机会，他从一家游泳馆得到了一份游泳侍者的工作。这项工作他完全能胜任，因为，他个子高，会游泳，懂得一些救生常识。他接受了这份工作。

那年夏天，来游泳的顾客很少，需要服务的人也是少之又少，这样，索罗斯就有了大量的时间用来看书和思考。

后来，因为一天之中连一个前来游泳的人也没有，因此他干脆就跑到附近的图书馆里读书。他过了一个愉快而充实的夏天。他不仅挣到了他需要的钱，而且还读了大量他喜欢的著作。

那个夏天的经历，也许是对索罗斯遭受痛苦经历的一种补偿。生存环境的好转，给索罗斯带来了新的希望，使他度过了自己最艰难的时期，而且把学业坚持了下来。

索罗斯在伦敦经济学院就读时，也许是他人生最艰难的时期，在这最艰难的时期，他完全依靠自己的力量坚持下来了。在这期间，他不仅学到了必要的哲学和经济学知识，磨炼了自己的意志，还结识了一些学者，如哲学大师卡尔·波普尔等，这对于索罗斯的成长是有积极意义的。

应该说，索罗斯的经济学知识和哲学思维的基础，是在伦敦经济学院打下的。在这里，他经受了一生最痛苦的磨难，也享受到了自己一生中最重要的高等教育机会。

寻找工作历程

不知道未来会发生什么并不可怕，可怕的是不知道如果发生什么就该如何应对。

——索罗斯

被迫做推销员

头脑聪明的索罗斯崇尚学问。哲学大师卡尔·波普尔深奥的哲学思维，深深地吸引了他。

在任何大学里，比起任何政客和管理者来，有学问的老师更受学生们的敬仰。大学，对于喜欢知识和学问的人来说，是一座神圣的殿堂。

当索罗斯大学即将毕业，在考虑职业选择时，他首先想到的是留在学校任教，先做伦敦经济学院的一名教师，然后，通过多年的努力，在有生之年，能成为像大师波普尔那样受人尊敬的学者。

索罗斯喜欢读书，热心学问和知识，尊敬有造诣的学者。成为著名的学者是索罗斯大学毕业时的第一选择。

根据索罗斯的天资和他顽强的意志，以及办事情的执着精神，如果当初大学选择了他，很可能这个世界多了一个学者，而少了一个金融投机家。可是，伦敦经济学院没有作出令索罗斯满意的选择，任何大学都不愿意把成绩一般的学生留下来任教，除非有特别的关系。

大学选拔人才的主要标准是成就和成绩。对于引进的学者，主要看他的成就，而对于选拔留校的学生，则主要看他在校读书时的成绩了。索罗斯在伦敦经济学院的成绩，既不是拔尖的，也不是较好的，而是很一般的，这个成绩，使学校不可能把他留下来任教。

就这样，索罗斯想当学者并专心于学术活动的愿望破灭了。

值得说明的是，索罗斯在校期间，成绩不好的主要原因，并不是由于他不聪明，而是多方面的原因造成的。

首先，他不得不拿出相当一部分精力来考虑生存问题，始终被生存危机所困扰，使好学的索罗斯无法把精力全部用到学习中来，再聪明的头脑，不能专心致志地学习，也不可能获得令人满意的成绩。

其次，学院的主要课程是经济学类别的课程，其他方面的知识或课程仅仅属于从属的位置，学生们可以选修，但不能放在首要的位置。而索罗斯对经济学的知识还不如对哲学知识感兴趣，有一段时间，他竟然专门研究起哲学问题，并关注学问与社会问题的冲突，这样的学生，不被认为是不务正业就不错了，怎么可能获得高分呢？

最后，索罗斯涉猎书籍面很宽，经历复杂，因此，他认识问题也相对深刻。对于老师提出的问题，他常常有自己的独立见解，这些见解未必适合于老师的口味，遇到气量狭小、不愿意听取不同观点的老师，在成绩评定时，不可能给索罗斯以高分数的。

正是出于这些原因，使索罗斯在伦敦经济学院没有获得好成绩。没有好成绩，自然不能留校任教了，不能留校任教，索罗斯的学者梦和想在大学谋生的打算也就泡汤了。

也许这是一种历史的误会，其实，索罗斯在读大学时，是很有思想和见地的学生，而且是个富有理想的青年，即使在时时为生计所困扰的时候，他也没有放松对哲学世界观的探讨。

他还自认为发现了深奥的哲理，他说："从根本上看，我们所有的世界观，都有缺点或被扭曲。"他说："我的任务就是专心研究这种扭曲的重要性。"

其实，这是受波普尔的证伪主义思想的影响，把科学发展的证伪主义，移植到了人的世界观中来。有这种思想和专心研究的精神，至少可以说明，大学即将毕业时的索罗斯，是一个很愿意思考问题的青年。

伦敦经济学院没有发现并留住这样一个人才，不能不说是历史的遗憾。

任何刚刚大学毕业的学生，都对未来充满了梦想，索罗斯也不例外，他想成为学者、教授，希望像他的导师波普尔那样为人类知识的增长作出一点贡献，以便将来在人类历史上留下一点痕迹。

可是，他读书的伦敦经济学院没有他的位置，别的高等院校更不可能接收这样一个成绩不突出，又没有任何成就的年轻人，尽管他雄心勃勃，充满理想，但这样的青年人却有的是。

在成为学者的梦破灭之后，索罗斯又开始想象，自己要成为金融家、商人、高级管理人员等。在想象中，他迎来了肚子的饥饿，不管将来成为什么，他都必须先解决谋生问题。

这是个最现实、最紧迫的问题，这个问题不解决，他一天也活不下去，还谈何理想抱负。

为了生存，索罗斯不得不利用他经济学院毕业的招牌，以便在伦敦的金融机构谋得一份工作。

他以为经济学院毕业的这块牌子很管用，其实不然，那是他天真幼稚的想象。他上门找了许多家金融组织，都被拒之门外，甚至连一个愿意见他的老板都没有。

迫于无奈，他不得不像上学时一样，去找一份临时工干。与读书时不同的是，他现在可以专心干一项工作了，只要他愿意干的话，不用一边工作，一边想着读书上课的事了。

索罗斯费尽周折，通过一个同学的帮助，找到了一份业务代表的工作。这项工作的具体任务是，为一个从事批发业务的客商搞促销活动。

老板分配给他的任务是，负责在威尔士海滨度假区向零售商推销他们的产品。

雇主给索罗斯提供的条件是，有一辆福特牌 T 型汽车供他使用。这是个很诱人的条件，因为，索罗斯还没有自己的任何机动车辆。接受这项工作，就可以开着汽车自由自在地到处去干推销或别的什么事了，只要能够帮助雇主把货物推销出去就可以。

索罗斯很卖力气地开始了他的推销工作，他哪里知道，当时，英国的商业网络已经形成完备的控制势力，各供应厂家早已划定了自己的控制范围，各零售商店一般只接受固定厂商提供的货物。而对于那些突然冒出来的推销商，往往是不予理睬。

索罗斯开始推销工作之后，才知道这其中的奥妙，也懂得了这项工作的艰难。

他开着汽车，一家一家地向经销商进行游说，尽管他的英语讲得不怎么好，缺少英国人的绅士风度，这使零售商们很瞧不起他，但是，索罗斯还是设法为自己的工作尽力。他在老板指定的威尔士海滨度假区，寻找了几乎所有能够见到的零售商，得到的结果是一样的，人们都拒绝为他的雇主销售任何东西。

经过了反复的努力，索罗斯始终未能把威尔士海滨度假区的任何一家零售商店的门打开。

这个从来就不怕困难的青年，有一种被人排斥和彻底拒绝的感觉。事实上，人家排斥的不是他这个人，而是他推销的货物。

在威尔士海滨度假区没能成功，受雇主的委托，他又到伦敦进行试探，他到伦敦的结局更惨，当那些零售商得知他是为别人推销东西之后，就让他连个停车的位置也得不到。

他为别人作业务代表的工作以失败而结束，尽管他很喜欢有辆车，可是，没有办法为雇主服务，就没有资格享受人家提供的条件。他最后把车和工作一起交了回去。

当业务代表失败了，但是为了生活，索罗斯还必须去找点工作干。在当时，最好找的工作之一就是当推销员。索罗斯在找不到其他工作的情况下，只好试着再去干一干推销员工作。他又为一个厂商去推销塑料袋，这项新产品还没有在商家划定经销范围。

可是，索罗斯那外国口音，那不善言词的嘴，那不善于使用想象和比喻的语言，以及不善于抓住推销对象心理的缺陷，都使索罗斯无法打开市场。在干推销的过程中，索罗斯有一种难堪的感受。

干这种工作，让他觉得比向犹太人救济委员会申请救济还不好受。这种心理，就注定了索罗斯不是干推销工作的好材料。

从事推销工作失败的另一个重要原因是，索罗斯时常有一种心理包袱。他总觉得自己是经济学院的毕业生，来英国的目的不是干这种低下的推销工作，或者换句话说，干这种工作根本不是他来英国的初衷。任何人不喜欢干某项工作，他就绝对不会干好，至少不会出色地干好这项工作。

索罗斯缺乏干推销工作的才能，以及他对这项工作的反感，使他在这一行中失败了。

走出大学校门的索罗斯，虽然找到了能养活自己的工作，但这在他看来是非常简单的工作，使他很不满足。他觉得，如果满足于这些诸如推销员性质的工作，那就违背了他来英国读书的初衷，也违背了父亲对他的期望。不能在这简单无聊的工作中长期消耗自己，要实现自己的理想。

索罗斯的理想是什么？现在连他自己也说不清了。

他希望做大学教师，以便将来成为有影响的学者，但是高等院校已经把他拒之门外，进大学学习是可以的，但是，想当大学老师是不可能的。那么，还应该干点什么呢？

他想到了自己是学习金融专业的，索罗斯突然猛醒，既然是经济学院的毕业生，就应该在金融行业干出点事来。在待遇优厚的金融部门工作，也比当个推销员好得多。想到这里，索罗斯一下子就有了自己的目标。他要设法进银行或类似的金融机构，在那里工作才不辱没经济学院毕业生的招牌。

初次进入金融机构

索罗斯打定进入金融机构的主意之后，就开始考虑如何进入这一行业的问题。

他明白，在英国他实际上举目无亲，不可能有任何有影响的人为他推荐。谋求在银行的职位，就像干其他工作一样，他必须自己去找，除了自己，他没有别的依靠。

有了明确的目标之后，他就利用干临时工的业余时间，了解伦敦的各个金融机构。他不能停止工作，因为，停止了目前他并不愿意干的工作，就没有经济来源了，他已经被没钱的日子折磨怕了，所以，即使是非常简单的工作，只要它能够给索罗斯带来收入就应该先坚持着。

当了解清楚了伦敦各大金融机构的地址之后，索罗斯就利用空闲时间，试探着去了几家。他试图见见他们的总经理，然而，得到的答复是，总经理从来就不接见未曾预约过的人；而他要求约见总经理，人家的答复是，总经理只约见有业务关系的人，而不见那些与业务无关的人。

这个孤立无援的青年人，在这异国他乡，要想进入他想进的金融机构，看来比上天堂还难。但是，已经经历多次磨难和生死考验的索罗斯就是不信这个邪，总经理不见，他就设法偏要见。

索罗斯开动脑筋，思索着如何能见到银行总经理的办法，设计着如何推销自己。在这无计可施的时刻，他又想起了他那不平凡的父亲，想起了他的人生哲学“非常时期，就得用非常办法去解决问题”。

在索罗斯看来，他又到了非常时期，因此，现在需要的不是常规办法，而是非常办法。于是，他开始思考非常办法。

经过一番冥思苦想，他终于想出了一个自认为高明的办法，于是他给各银行和金融机构的总经理每人发一封信，来个自我介绍。索罗斯想，即使自己见不到这些摆架子的总经理们，也要让他们知道有索罗斯这样一个经济学院的毕业生。

当他设计好了计划之后，就开始付诸实施。他用最精练的语言，简单介绍了自己所学的专业和自己的特长，在最后，他提出了自己的要求，并附上了自己的通信地址。

他就像给上帝发祈祷信一样，给他知道名字的银行或金融机构的总经理们，每人发了一封信。发走了这些信后，索罗斯就像完成了一件重要的历史使命一样，开始等待某个总经理的回音了。

在等待回音的过程中，索罗斯有足够的耐心。他经历过了太多的等待。等待法西斯的灭亡、等待出境签证、等待亲戚为他介绍学校、等待波普尔先生的接见、等待救济委员会的救济款等。

在这些无奈的等待中，索罗斯练就了足够的耐性。

这一次，他做好了长期等待的准备，如果这些总经理们不给他回信，索罗斯准备，在适当的时候再给他们每个人写上一封信，直至他们答复为止。

让索罗斯始料不及的是，他发出这些信后不久，就有一位叫作华尔特·索楼门的总经理打电话约见索罗斯，对方要求与索罗斯面谈。

这使索罗斯很觉意外，也非常兴奋，他以为，他进金融机构谋职的愿望就要实现了。

于是，他如约去与这位总经理见面。

可是，这位总经理约索罗斯见面后，对索罗斯说的是："年轻人，你把我的名字给拼错了。"再往下就没什么话可说了。

索罗斯问对方，还有什么要说的。

对方告诉他，这就是约见他的全部内容。

索罗斯听后又失望，又觉得好笑，这真是典型的英国式幽默。本来他盼望的是接受总经理的接见，能带给他一点有用的东西，最好是得到雇佣，可是，这位总经理约见他的目的，仅仅是纠正被索罗斯拼错了的名字。

总经理看到索罗斯一脸失望的样子，就动了恻隐之心，他好心地告诉索罗斯，在伦敦的各大银行和金融机构中，雇佣的都是金融圈子内部的人。

比如，如果你是某金融公司总经理的什么可靠的亲戚，或是总经理同学的儿子，或你的商业机构在某家银行有巨额存款，那样，你有一个经济学院毕业证，再到相关的金融机构谋职就有条件了。

他语重心长地对索罗斯说："你不可能在伦敦的金融机构找到什么职位，因为，你不仅没有什么关系，甚至连我们的同胞都不是，你怎么可能得到这些机构的雇佣呢?"

最后，这位总经理好心地劝索罗斯说："要想在金融机构谋职，就不要在伦敦浪费时间了；要想在伦敦谋职，就远离伦敦的金融圈。"

他的话使索罗斯极度失望。

很失望的索罗斯不得不重新思考能否进入金融界的问题了，就在这时一家名为辛格·利兰德的金融公司总经理来电话约索罗斯面谈。

索罗斯不抱什么希望，但他还是按照约定的时间和地点到这家金融机构的办公室与总经理见面了，在前去约见的路上，索罗斯心里想，这位总经理大人，不知又有什么名堂。不管索罗斯想什么，他都对谋到工作职位没抱多大的希望。

这家公司的总经理并没有要索罗斯纠正什么拼写错误，而是认认真真地问了他一些有关的金融知识，他的回答令老板满意。

最后，总经理问他，是否是匈牙利人，索罗斯感觉奇怪，但还是如实地告诉对方，自己是在匈牙利出生，并且到了 17 岁才离开了那里。

谈话结束后，对方告诉索罗斯，回家等待通知，如果他运气好的话，他可能会得到任用。

没过多久，索罗斯接到了这家金融机构的录用通知。他如愿以偿地在金融机构中找到了工作。

后来他才知道，原来这家金融机构的董事长是匈牙利人，他愿意在自己的公司里聘用拥有专业知识的匈牙利人。得知这一情况后，索罗斯觉得应该感谢那位纠正拼写错误的总经理，他虽然没能帮助解决任何问题，但却告诉了自己一些实情。

索罗斯如愿以偿地进了他向往的金融机构。在这里，他可以用上在经济学院所学的知识，有一间不错的办公室，还有一份不薄的薪水。他来英国的目的应该说基本达到了，如果能够安心在此长期干下去，他也不难实现父亲对他的期望。

照理说，索罗斯应该满足，并且应该好好干他的工作了。但是，他从父亲那里继承下来的投机爱好，他那不安于现状的思想性格，都使他不会甘心当一个简单、机械的银行职员，他从骨子里感觉到，做这些一成不变的工作，让他很难受。

索罗斯进入辛格·利兰德金融公司后，最初，被安排为该机构的储训人员。工资待遇为每周 7 英镑。

具体工作是，登录进出银行的款项。他必须每天把贷方和借方的账单，仔细地登录在一张很大的平板上，每天须处理三类数字，即贷方、借方、控制平衡，也就是说，每天贷方和借方的数字，必须在控方变成零。

当时还是用手工登记，一刻不停地写那些枯燥乏味的数字，是很无聊的事情。

而索罗斯这个经济学院的毕业生，竟然很不喜欢这些数字，他也许擅长思考，而不善于玩弄数字，因此，他在登记数字和搞平衡的工作中，没有一天的最后数字是正确的，为此，他的上司不得不自己花许多工夫来调整这些数字。

索罗斯的上司是一个刻板的银行职员，这里的工作不要求有什么创造，在这些数字问题上，也创造不出什么花样，这里要求的就是机械、准确。不出差错就是好样的。所以，上司很不喜欢索罗斯。

因为，他不仅干不好他的工作，还给上司增添了许多麻烦。而索罗斯本人也不喜欢这项毫无创造性和想象力的工作。他觉得这种工作应该让机器来干。

在记录账单工作中，索罗斯的表现实在让他的上司无法满意，于是，他又被安排到这个银行的交易部门接受训练。这是个资金交易部门，而不是证券交易部门，如果是后者，也许能引起索罗斯的兴趣。

索罗斯来到交易部门上班后，觉得这里的空气好像是凝固的，人们都死气沉沉的。交易员的工作是等待来自各处的客户订单，而交易部门的负责人，则是和纽约、巴黎等地的各大金融机构及客户保持联系，以便及时得到那里的行情。

这里做的主要是黄金交易。

交易部门从负责人到工作人员，都很谨慎，数字计算得非常精确，这是索罗斯所没有的，但他们思想保守，墨守成规，毫无创造意识，更缺乏想象力。

索罗斯不喜欢这种方式，他受父亲和哲学大师波普尔的影响，总想搞点创造性的东西。而这里的环境和习惯，与索罗斯的想法格格不入，因此，他在交易部门仅仅了解了一些正常的工作程序和循规蹈矩的工作状态，别的什么也没得到。

这里的上司和工作人员不愿接纳他，而他本人也不喜欢这里的气氛，因此，索罗斯在金融交易部门没待多久，就被打发回了总公司。

设在伦敦的辛格·利兰德金融公司，虽然是匈牙利籍的金融家开办的，但既然设在了英国，就不能不受英国方式的影响。

这里的金融业和其他有历史的行业一样，已经形成许多固定的东西，要想到这些行业工作，就必须适应这些行业的习惯和作风。在这种习惯和作风的控制下，从总经理到每一个具体工作人员，所能做的事情只是按照规矩把该办的事情办好，而不能有任何革新和创造。谁要想搞点什么创新，准会被环境所不容。

索罗斯的素质和条件很难适应这种工作环境。

他在经济学院，学到的金融知识可能还没有哲学知识多；而他的性格是喜欢创新或按照自己的意愿行事，而不愿意循规蹈矩；他的数学知识和算术能力也不见长。

银行那些数字，在他看来是很乏味的。不喜欢数字，怎么能当银行职员呢？不习惯于所进入的行业的规矩，怎么能在此待下去呢？

索罗斯被交易部门打发回总公司之后，只是做个一般的工作人员，公司总经理没有发现他有什么长处，他那潜在的创造精神和聪明才智，显然还无法被发现。

看来索罗斯在这里被认为是无一所长了，如果不是由于公司董事长是匈牙利人，这个干不了什么事的青年人，早就被总经理炒了鱿鱼。

进入这家金融机构之后，索罗斯感到越来越不理想，他和所有刚刚大学毕业的学生一样，有一种好高骛远的思想倾向，总想干大事，总觉得自己比别人强，而实际上，却往往连眼前的小事也做不好。这就造成了他们与环境的不相容性。

索罗斯在总公司，并没有什么具体业务，每天上班，无所事事。他自己对环境感到不满，对进入金融界感到失望。他只认识到了自己对公司的不满，而没有意识到公司对自己的不满，他有一种怀才不遇的情绪。

一个周末，索罗斯接到了哥哥来自巴黎的邀请，他高兴地乘船到巴黎度周末了。

这对小时候非常不睦的同胞兄弟，现在都已长大成人，感情又变得非常亲密起来。索罗斯很高兴地在巴黎与哥哥欢度了一个难忘的周末。

当周一他准备赶回伦敦上班的时候，由于浓雾封锁了英伦海峡，不管是船只还是飞机，都停止航行了。没有办法，索罗斯不能不迟到了，他不得不推迟一天返回伦敦。

索罗斯返回伦敦后，于周二正常去上班，他自己回忆说，当他走进他的办公室时，他的同事们表现出非常惊讶的神态，可是，谁也没问他什么。

这时，总经理让索罗斯去一趟，要他把星期一没来上班的原因讲述一下。

他如实说明了情况。

总经理对索罗斯的态度还是比较客气的，这使索罗斯有点琢磨不透。

于是，他就利用这个机会问总经理："我在公司还有没有前途？"

总经理略作沉思后说："我们收到的关于你的表现的报告，是不能令人满意的，似乎到现在为止，还没有接到有人赏识你的才能和业绩的报告。如果你关心自己的前途的话，你应该给公司带来一笔较好的业务，那样就能证明你的能力，因此，你在公司的前途就会是很光明的。但是，如果你期待公司为你找到一项重要业务，那就要长期等待下去，因为，到目前为止，还没有人考虑要给你一点什么特殊业务。"

索罗斯听到这些，很有些失望，就反问："我在公司还能不能继续干下去?”

总经理说:“我们并不在乎你的走与留,因为,你留下来,也花不了公司多少钱。”

到了这时,索罗斯才明白,自己在这家公司,已经成了可有可无的人了。

索罗斯又问老板:“业务都包括哪些内容呢?”

总经理解释说:“金融交易过程的任何业务都可以,比如,存或贷的重要客户、能够赚钱的金融交易等,总之,只要是在公司业务范围内,能够为公司带来利益的活动都行。”

最后,索罗斯不得不问:“如果我离开该公司另谋出路,公司会有什么考虑呢?”

总经理很坦然地说:“如果你愿意离开这里另谋工作的话,公司会为你祝福的。”

谈到这里,索罗斯已经完全明白了,公司实在是盼望着他赶紧自谋出路,不要在这里再混下去了。到了这个地步,再在此耗下去,还有什么意思呢?

于是,索罗斯不得不开始考虑到何处去的问题。索罗斯进入第一家金融机构工作的历史,就这样结束了。

前往美国寻求发展

就在索罗斯与公司总经理谈话结束的那天中午，一个来自美国的小伙子给索罗斯带来了影响他日后发展的机会。

索罗斯与总经理谈话后的心情是可想而知的，一个自命不凡的年轻人，突然得知自己原来是可有可无的人，这个事实与期望值之间的落差，肯定会在心灵上造成不小的伤害。

这时，一个和索罗斯一起干过培训员的美国人凑了过来，问索罗斯发生了什么事，以致让他这么不高兴。

索罗斯如实地跟他说了上午与总经理谈话的情况。这个名叫罗伯特·梅尔的小伙子与索罗斯很能谈到一起。

听到索罗斯如此一说，就告诉他："我的父亲在纽约办了一家小经纪公司，正让我在伦敦帮助寻找熟悉英国和欧洲经济情况的人选，我本来就相中了你，认为你思路开阔，有见解，有思想，到纽约会有一番大作为，可是，由于你是本公司的人，害怕被认为是从公司挖人，因此，一直没敢对你说出这件事。"

现在，既然总经理对索罗斯说了这样的话，再谈这件事也就没什么关系了。

罗伯特讲完了情况，最后问索罗斯："愿不愿意去美国，在纽约的华尔街一展才华。"索罗斯答应认真考虑。

索罗斯从17岁来英国，至1956年，已经在这里生活了9年，他熟悉这里的社会、人情、生活习惯和金融界，在这里还有一个他喜欢的老师，那就是卡尔·波普尔先生。离开这里，肯定会有一些感情上的割舍。

索罗斯想，自己毕竟还很年轻，到他思考是否去美国的时候，才26岁，这正是闯荡世界的好年华。经过短时间的思考，索罗斯就拿定了主意，他决心去美国干一番自己想干的事业，就像当年加利福尼亚淘金潮时去美洲的人都怀有一个发财梦一样，索罗斯也怀着一个发财梦，下定了去美国的决心。

美国虽然是开放的社会，但对于想进入美国的人来说，这里也绝不会像商店一样，谁想进来就进来。而是必须经过严格的审查，办理必要的手续后才能进入美国。

索罗斯辞去了在辛格·利兰德公司的工作，开始申请去美国的签证。

可是，在申请签证时，遇到了麻烦，美国人说，索罗斯太年轻，不可能是美国社会所需要的任何专家。美国社会并不是什么人都接受，它接受的是那些有特殊才能、有专业技能或是有巨额财产到美国投资并给美国带来就业机会的人。

而索罗斯这个匈牙利籍的犹太小伙子能给美国社会什么贡献呢？他的申请被拒绝了。就在索罗斯无计可施的时候，还是那个叫罗伯特·梅尔的美国小伙子伸出手来，给索罗斯提供了帮助。

他把索罗斯去美国受阻的情况告诉了他的父亲，老梅尔找到了一位名叫《黑市年鉴》杂志的一个知名作者，替他写了一张资格推荐表，在表中的推荐理由一栏中，明确写道："由于经纪公司的套利交易员一般很年轻就死了，因此，新推荐的人选必须年轻，年龄大的人无法胜任这项工作。"

这个理由不知真假，反正移民局看了这张表后，批准了索罗斯进入美国的申请；而索罗斯对表中的理由却是记忆犹新，并设法离开套利交易部门，以便使自己活的时间长一些。

就这样，索罗斯靠着罗伯特父亲的帮助和那位善于编造理由的记者填写的表格，顺利进入了美国，来到了华尔街，开始了崭新的生活。

索罗斯横跨大西洋，千里迢迢来到美国，他到这片新大陆后，遇到的第一件大事就是与他的父母团圆了。他的父母在索罗斯离开英国来美国的这一年，也同时来到了美国。

在索罗斯的心目中，父亲是他敬仰的英雄，特别是遇到生死大事的时候，父亲那泰然而且聪明的举动，使索罗斯终生难忘。而母亲的慈善和辛劳，也使她这个儿子永远难以忘怀。

他们都给自己的儿子留下了不能磨灭的印象。可是，自从索罗斯离开匈牙利赴英国读书之后，他们几乎没有什么机会见面。

冷战把世界分成了两个对立的营垒。一些西方资本主义国家，加入或倾向于以英美为首的西方阵营；而苏联和它控制的东欧诸国成了另一个阵营。两大阵营，从经济、政治制度到意识形态，截然不同，甚至格格不入，而在军事上，则是处于强烈对峙状态。

索罗斯离开匈牙利后，他所在的土地和父母所在的国家，分别处在了对立的两块土地上。这两块土地上的政权，彼此排斥，互相封锁。结果，政客们之间的争斗，造成了人民的灾难。

正是由于这个原因，在这9年中，索罗斯和他的父母难得一见。

如果说索罗斯从英国来到美国需要费一番周折，那么，他的父母从苏联政权实际控制下的匈牙利来到美国，就更加艰难。

第二次世界大战结束后，以苏联和美国为首的两大军事集团就开始分割自己在欧洲的势力范围，以苏联为首，成立了华沙条约组织；而以美国为首，成立了北大西洋公约组织。

苏联把包括匈牙利在内的东欧及中欧的部分国家，牢牢控制起来。在苏联政权的控制之下，要想到国外探亲访友，很难得到批准。即使有幸获得批准，在平均主义的分配制度下，个人也很难搞到足够的出国经费。

因此，索罗斯的父母能够离开匈牙利，确实是费尽了心思，他们所以能够成功，还是仰仗着老索罗斯善于投机钻营的头脑。他们利用了1956年匈牙利人民要求自由、民主的情绪，乘机离开了这块受人控制的地方，来到了他们向往的自由世界。

索罗斯从英国来，由于他在毕业后已经工作了几年，有了几千美元的积蓄，而他的父母从匈牙利那“均贫富”的地方，费尽周折才出来，因此，不可能带来什么钱财。

他们到了一起，贫穷的父母，带给索罗斯的不可能有什么财富，而只能是一种负担。所以，索罗斯和他的父母在美国的团圆，是穷人的团圆，也是逃亡者的团圆。

索罗斯的父母到美国后，为了生存，老索罗斯开了一家咖啡馆，想以此谋生。

这时，虽然老索罗斯的两个儿子都已经来到了美国，但他们都是刚刚创业，还没有多余的钱来养活贫穷的父母。

老索罗斯想自食其力，可是，他的生意和他的人生一样很不如意，实在难以维持，在无可奈何之中，他被迫关闭了咖啡馆，过起了退休生活。

就在老索罗斯退出商场，过起静养生活的时候，他的儿子索罗斯却正在创造一个新的事业。

索罗斯刚到美国的时候还做着想当哲学家的梦。波普尔对他的影响太深了，他想看一看美国的开放社会，然后再结合美国社会的实际，阐述一下波普尔的哲学思想。

虽然索罗斯是靠了朋友罗伯特的父亲的推荐来美国的，而且老梅尔帮助索罗斯来美国的目的是想让他到自己的公司充当金融交易经纪人。

然而，索罗斯对人家给他填写的申请表上的理由很认真，那上面写的是：“交易员一般很年轻就死了。所以，引进这方面的人，必须年轻。”

就是由于这个理由，26 岁的索罗斯才得到了进入美国的签证。还是这个原因，使得索罗斯害怕干这项工作，他害怕自己早死。因此，他不想干这项“很年轻就死亡”的工作。

搞哲学就意味着受穷，从来就没有富裕过的索罗斯，此时，对于财富的占有和积聚还没有什么期望，他想的是，能够生存就行了，而把主要的精力用来思考自己想干的事，会更好一些。

索罗斯到美国之初就是这么盘算的。可是，父母的到来，生活重担的降临，迫使索罗斯不得不重新考虑他的设计。

经过面对现实的思考，索罗斯决定，暂时把他的哲学梦存放起来，先到一家金融机构就职等到生存条件好转，有了大量的时间后，再静下心来探讨哲学问题。

索罗斯到华尔街寻找工作了。在自我介绍中，当然少不了介绍他是伦敦经济学院的毕业生，在伦敦的金融机构担任过交易员等内容。这时，纽约各银行正对欧洲金融界的情况发生兴趣，而这方面的人才又很少，于是，索罗斯立即成了抢手的人物。

到华尔街找工作，不像在伦敦那么难。在伦敦他是到处碰壁，而在华尔街他却可以自己挑选愿意去的地方。经过分析比较，索罗斯在提特海姆公司工作了，他受领的任务是，担任欧洲证券分析师，兼证券交易员。

分析欧洲证券市场的情况，对于索罗斯来说，是一项开创性的工作，在他之前，并没有人从事过这项工作，因为，当时的金融业全球化程度还很低，欧洲的金融市场和证券交易，对美洲还不会有太大的影响。

索罗斯的到来，起到了促使华尔街了解欧洲金融市场情况的作用。在当时通信不发达、信息传递很受限制、缺少起码的信息网络的情况下，要想进行情况分析，确实是很难的事情。

但富有创造意识的索罗斯，愿意干这项工作，在这项工作中，他至少有两个长处，一个是熟悉欧洲的情况，至少比美国人熟悉；二是他有一般金融界的职员所没有的哲学头脑，有哲学头脑，就善于分析问题，就会利用推测和分析来弥补实际材料的不足。

正是这两个长处，使他喜欢上了这项工作。

分析欧洲市场、金融机构、在世界有影响的欧洲大公司的情况，然后写出分析报告，这就是索罗斯的主要工作。索罗斯每天认认真真地干着这项工作。他为自己服务的公司，递上了一份又一份的报告。

在没有充足的信息源、缺少必要的资料的情况下，他是怎样写出这些报告呢?

索罗斯自己后来承认，在写这些报告的时候，有资料时就用资料，没有资料时，就用分析和推测。如果资料充足，主要是依靠资料，在占有资料的基础上进行必要的推测，这对于形成客观可靠的结论是有帮助的。

然而，索罗斯当时占有的资料很少，在缺乏资料时，进行的推测，就很难说有多少可靠性了。

但是，在这些报告中，索罗斯充分发挥哲学头脑的作用，写报告就像写论文一样，讲究逻辑，善于分析，因此，尽管材料和数据很少，他也能把报告写得顺理成章。

索罗斯写出的推理、猜测加分析的关于欧洲公司的报告，赢得了许多大银行机构的信任，比如，德瑞福斯基金会、摩根银行等，都来求教于索罗斯。因为，这些机构正在考虑对欧洲进行投资，而有关欧洲的这些公司的情况，他们一点也不了解。

索罗斯自己称，在一段时间里，这些大金融机构，竟然对于他这个刚刚从欧洲来的年轻人，言听计从了，他写出的那些以猜测和推理为主、以实际材料为辅的研究报告，被准备到欧洲去投资的人当成了宝贝。

在这个时期，索罗斯成了华尔街欧洲经济情况的专家，成了投资热潮中的重要人物，出现了他事业中的第一个高潮。

在华尔街，他确实是第一个从事这项工作的人，索罗斯曾举例说，在1959年至1961年，他是第一个研究德国银行的人，他在研究中发现，德国银行的股票组合价仍远远高于它的资本总额，而另一家保险公司的情况更明显。

在研究的基础上，他写出了有关德国保险业的报告，指出："德国保险集团公司之间，互相交叉持股，如果把这些交叉持股的价值计算进去，可以用远远比实际低得多的低价购买其中的股票。"

在这些研究中，索罗斯发现了不容易被一般人发现的秘密。他还把50家关联公司的情况画成一张图表，在列举数字的基础上得出了合理的结论，然后拿给摩根银行。

他们看到这个东西之后，认为，有关的股票，在索罗斯的推荐下，有可能会上涨两三倍的价格。这将是欧洲股票价格的巅峰。

这时，索罗斯的股票分析员的事业也达到了巅峰。在此期间，索罗斯引导一些听信他的分析报告的金融机构，对欧洲股市成功地进行了一次洗劫。

索罗斯预测到，由于阿利安兹保险公司的业务和不动产上涨，它的股票价格可能会大幅度上涨。而此时，该公司却从它的资产中贴现抛售股票。

于是，索罗斯建议摩根银行和另一家金融机构，购买阿利安兹公司的股票，向该公司投资。索罗斯的预测果然正确，该公司的股票在很短的时间内，竟然上涨了两三倍。这些投资者大赚了一把。

这个世界上的事是复杂的，对谁来说，都不会总是一帆风顺的。索罗斯做证券分析员兼干证券交易之类的差使，两者兼顾，对他很有利。

做分析员，他把分析结果拿给那些著名的大银行看，银行在索罗斯报告的影响下，看准了哪个公司的证券就操作一把，此时，这个公司的股票就会明显上涨；然后，在高价位上卖出，银行乘机赚一笔。

索罗斯是提供信息者，银行操作的知情者，因此，在银行操作的同时，他也帮助一些金融机构买进或卖出，赚了钱之后，公司得大头，索罗斯得小头。索罗斯干得很顺手，也很得意。

1961 年 1 月，肯尼迪当选为美国总统，他是以改革和创新的形象出现在公众之中的。索罗斯和其他人一样，盼望着新政府给他们带来好运。然而，肯尼迪为索罗斯之类的投机者，带来的不是好运，而是厄运。

正当摩根银行在索罗斯对欧洲一批关联公司的情况作出细致准确的分析后，大量购买股票，盼望着得到高额利润的时候，肯尼迪总统突然提出了对外国投资征收 15% 的附加平衡税的政策。

就在这期间，索罗斯从事着另一笔大交易，即购买东京海上及火灾保险公司的上市股票。他的打算是，先在东京买入股票，然后，针对若干投资机构，出售这家公司在美国的存托凭证。如果这笔交易做成了，中间有很大的利润。

可是，肯尼迪总统的政策一出台，投资者不愿承受如此高的额外税，纷纷撤资而去，没有资金流入，股票也就不会升值。所以，整个欧洲证券市场的业务被肯尼迪的一纸公文摧毁了。

索罗斯为公司操作的东京海上及火灾保险公司的交易也栽了。公司负责人在解释合伙人的质疑时，把责任都推到了索罗斯头上，把他当成了替罪羊。

就这样，索罗斯不仅在交易中赔了本，而且他的分析员的差使也干到了头。他的分析报告，还不如政府随便的一个政令，政府的行政措施把股市推向了测不准的途径，在这种情况下，谁还听索罗斯的分析报告呢？

在担任分析员的这段时间里，索罗斯充分展示了他的智慧和才能。同时，也使他认识到，各金融公司都是唯利是图的，这些公司在听取索罗斯的分析报告后进行投资，赚了钱是他们自己的，而赔了钱，却把责任全推到索罗斯的头上，这使索罗斯很不满意。

事业上的挫折和家庭的不幸先后降临到索罗斯头上。就在索罗斯重新考虑自己的工作期间，他历经磨难的父亲得了癌症。

这位一生不顺的父亲，在索罗斯成长的过程中，给了他无限的关怀和最有价值的教育，在父亲危难之时，索罗斯不能置之不管。可是，当时索罗斯还很穷，没有多少钱。他不得不设法找到一位免费为病人做手术的外科医生，为老索罗斯做了手术。

尽管连续遇到打击，在1961年12月，索罗斯还是顺利地成了美国公民，他可以永远在美国待下去了，只要他自己愿意。

索罗斯已经30多岁了，由于生意场上的失意，他在生活上感受到了孤独和寂寞，他觉得需要一个伴侣。美国虽然是个自由世界，但是，真正的美国姑娘不会一下子就爱上一个从东欧来的穷小子，在金融市场忙于工作的索罗斯，也没有多少时间和机会去结识美国姑娘。

后来，索罗斯遇到了一个同样是从欧洲来的姑娘，她的名字叫作安娜莉，是德裔。她和索罗斯一样，在美国也是举目无亲。

他们共同的欧洲背景，相似的孤独身世，相仿的年龄，使他们有很多共同语言。就这样，他们在偶然中相识，在有意中开始了交往，互相在对方找到了共同点和可以寄托感情的地方。

经过一段较长时间的交往，索罗斯和他的恋人结婚了。由于他们都不富裕，又忙于自己的事业，所以，婚后的生活很简单。他们没有别墅或豪宅，仅仅租住了一个有小套间的房子，在极其俭朴的环境中，开始了他们的新生活。

索罗斯在这块新大陆上，终于有了自己的家。

转向哲学研究

生意场上的失意，使索罗斯又想起了哲学。

老索罗斯虽然不是什么学者或哲学家，但他那聪明的头脑和痛苦而曲折的经历，使他悟出了人生的许多哲理，在索罗斯成长的过程中，他结合生命和生存的实际，把这些东西灌输给了儿子。哲学家波普尔则是以其独特的理论和响亮的名声直接影响了索罗斯对理性思维的追求。

正是由于这两个人的影响，和索罗斯本人有很强的抽象思维能力，促使索罗斯喜欢上了哲学。抽象的思考相对深层知识的追求，成了他的主要兴趣。正是这些原因，使索罗斯把对哲学理论的探讨，形成生命的重要部分。

从索罗斯读大学开始，他就经常在经济学和哲学知识之间交互发生兴趣。每当他遇到生存危机或在生意场上做得很顺时，哲学思考就降到了第二的位置，而对经济知识的追求和对经济问题的研究，也就随之变成了索罗斯第一位的活动。

相反，当他的生活问题已经解决，而在金融市场上又不怎么得意时，他就想起了哲学，于是，又到哲学的思考中来寻求获取成就的希望并寻求精神寄托。

当索罗斯由于意外的政策带来的打击而不得不另寻职位的时候，他感到金融市场上的活动没什么意思。但是这个没有什么财产的移民，尽管在金融市场上有些失意，以致从心里有点厌恶这项工作，可是，他得生存下去。

要生存，就不能完全不工作。于是，他不得不先找一份工作。

这时，索罗斯在华尔街已经小有名气，尽管遇上了投资预测失败这种影响声誉的事，可是，聘用他的公司还是有的。在聘用他的公司中，他选择了安贺·柯莱公司。

但这时索罗斯对搞金融已经没有什么兴趣了，要这份工作仅仅是为了保证生存。因此，他先到安贺·柯莱公司找了个位置，然后，就一面工作，一曲研究起哲学问题来。

他在这家公司受雇，仅仅把公司给他的分工当作一种谋生所必须干的事，而没有把它当作事业，因此，他干起工作来没有任何激情和兴趣。

索罗斯的兴趣到哪里去了呢？

用他自己的话说，到哲学上面去了。他试图在哲学上获得在金融市场上所得不到的成就。尽管此时的索罗斯已进入而立之年，但想法还是很幼稚的。试图在哲学上搞出点名堂，谈何容易？

在此后3年多的时间里，索罗斯把工作之余的时间，几乎都用在了钻研哲学问题上。

在这一时期，他研究的主要题目是“人的意识问题”。

索罗斯在研究中发现，人们的思想是有缺陷的，这种缺陷来自于何处呢？来自于缺乏必要的客观性。他说：“从根本上说，人们对世界的看法，在一定程度上说都是有缺陷的，因此，他认识的东西是被歪曲了的。”

为什么会这样呢？

索罗斯解释为：“个人所思考的内容，仅仅是他的思想的一部分，因此，他的思想缺乏可以被确定为独立的参考点，即缺乏客观性。”

索罗斯认为，人们对于周围世界的理解，具有天生的不完全性，认识者或认识的参与者所得出的认识，总是和客观实际有一定的差距。这种差距如果很小，可以不必理会；但有时候人的认识和客观实际差距很大，尽管如此，这种偏离实际的认识，却又成了决定事物的重要因素。

在索罗斯看来，历史不是客观地按照历史本身的规律发展的，而是由于参与者的错误、偏见以及误解造成的。

索罗斯的这种观点的历史和科学的根据是什么？怎样在逻辑上使自己的理论成立？

索罗斯既没找到答案，也没有办法解答这些重大问题。看来，他是把哲学想得太简单了，以为谁想出什么论点，就可以成为哲学理论。其实，他虽然经过了冥思苦想，但只是学到了一点哲学的皮毛，有了自己的一些似是而非的认识，却没有形成自己独到的、经得起推敲的哲学理论。

起初，在进行哲学的追求中，索罗斯出于对自己的老师波普尔的尊敬，想在研究、理解波普尔哲学的基础上，解释波普尔的观点，并把他的伟大哲学思想在美洲进行传播。

可是，在深入研究之后，索罗斯认为自己发现了许多还不为人知的重大问题，这些问题直接影响着历史的进程和人们的行为，这些认识，是波普尔未曾提出和论述过的。因此，他有历史责任把这些理论问题揭示出来，以便为人类历史的发展指明方向，至少要帮助人们认清已经存在的错误。

其实，这是索罗斯自命不凡的一种幻觉，他的所谓人的知识的不全面性，是借用了波普尔的证伪主义和社会历史观的一些观点。而他的思想需要经受实践检验的意识，是受了实用主义哲学家杜威的某些影响。

索罗斯怀着如此的雄心壮志，夜以继日地探讨哲学问题，他是那样的执着，好像他已经忘记自己是一名金融市场上的交易员，而是一位靠理论思维生存的哲学家了。

经过长时间的努力，索罗斯把他的研究成果写了出来，并给它标上了一个题目——《良知的负担》，这就是索罗斯研究哲学的文字成果。他把他的研究成果整理出来，准备出版。

索罗斯对哲学的爱好是出自内心的，因为，没有人要求他去搞哲学，也没有物质利益的引诱。靠哲学研究很难混饭吃，古往今来，只有搞哲学挨饿的人，没有搞哲学而发财致富者。

索罗斯对此当然清楚。在这种情况下，是什么原因促使他长时间地思考哲学问题呢?

只能解释为是一种个人的爱好和精神的追求。也就是说，索罗斯搞哲学研究，不是出于物质的需要，而是出于精神的需要；不是由于利益的诱惑，而是由于精神的追求。因为，有需要才有追求。

然而，他花了几年工夫研究哲学问题，虽然自认为得出了别人未曾发现的许多重大问题，可是，索罗斯最终也没能成为哲学家，而成了一个机智聪明的金融投机家。这种结果和哲学自身的性质以及索罗斯的条件有直接的关系。

哲学家是时代的产物，因为，任何在历史上有影响的哲学思想，都是时代精神的精华。这些哲学思想，并不是靠个人的聪明才智就能产生出来的，而是揭示了一定时代，人类思想发展的特定规律，或在一定区域内，道出反映人们灵魂的理论。

索罗斯创造他的所谓新思想的时候，他正在美国。这块土地上的哲学思想早已被他们自己的哲学家杜威所把持。杜威的实用主义或工具主义，早就被美国社会普遍接受了，索罗斯在这里的哲学领域不可能有什么作为。

某种哲学思想得不到承认，创立这种思想的人，自然也就不可能被奉为哲学家，何况索罗斯还没有形成经得起推敲的哲学理论。

哲学思想既然是时代精神的精华，那么，就不是任何想搞哲学的人都能创造出来的。

创立具有时代意义的哲学思想的思想大师，必须有过人的才智，有渊博的学识，能够站在时代的前列，经过多年呕心沥血的研究，才有可能提出反映时代精神的思想。然而，索罗斯不具备这种条件。他虽然聪明，但是还不具有成为哲学家的必要条件。

有这样一个故事，可以反映出哲学对于人的思维能力的要求。故事说：

爱因斯坦死后进了天堂。天堂里很拥挤，他被安排在一个6人居住的房间里。这位在世时谦虚的科学巨匠，到了天堂仍然保持着平民心态。

他进屋后就询问每个人的智商，因为，这位物理学大师升入天堂也不愿意停止思考。当他问到第一个人的智商时，对方很自豪地告诉他："我的智商为160。"

爱因斯坦听后很高兴，说："到了天堂还能碰上跟我谈论相对论的人，真是幸运。"

接着，爱因斯坦问第二个人，那人很谦虚地回答："我的智商只有140，无法和你讨论相对论问题。"

这时，爱因斯坦仍然很高兴地说："我为有一个能与我讨论哲学问题的伙伴而高兴。"

当问到第三个人时，那人很骄傲地说："我的智商还是比较高的，达到了120。"

爱因斯坦听后说："你可以和我一起讨论数学问题。"

这时，第四个人按捺不住了，他主动到爱因斯坦面前说："我的智商不多也不少，正好100，能和你讨论点什么问题呢？"

爱因斯坦笑了笑，对他说："看你的性格加上这个智商，你可以和我一起讨论艺术问题。"

对方听后不无惊讶地说，不瞒您说："我上天堂之前，就是搞艺术的。"

爱因斯坦看见剩下一个人，蹲在角落里默不作声，就上前询问他："你为什么不高兴？"

那人告诉爱因斯坦："自己的智商只有80，看来不能和大师讨论任何问题了。"

爱因斯坦略作沉思后安慰说："你可以和我一起谈论股市行情呀！"

那人听后竟然高兴地蹦了起来，他说："大师您真是太神了，我在人间的时候，就喜欢上证券交易所，您还别笑话，我还真真实实地赚过几把。"

当然，这仅仅是个笑话。但这个笑话告诉人们的是，科学和哲学的创见，需要很高的智商。

索罗斯的智商估计也不低，但还不可能达到创立哲学流派的程度。按照上面笑话分出的等级。索罗斯的智商，可能是闯股市有余，而搞哲学还远远不足。

索罗斯在哲学上努力的结果也证明了这一点，他的所谓创见，充其量是模仿或吸收了波普尔的一些思想，然后根据自己的一些感受，写出了一些自己认为很深刻的语言。

可是，索罗斯的这些语言并不能为别人带来任何启示，所以，它不可能被人们接受。没人接受他的思想，索罗斯也就没有成为哲学家。

索罗斯自己承认，有一次，他拿出自己以前写过的东西阅读，可是，连他自己都看不懂。别人怎么可能接受连作者自己都不明白的文字呢？

所以说，智力条件的制约，也是索罗斯喜欢哲学却不能成为哲学家的最重要的原因之一。

尽管索罗斯的思维能力制约着他，不可能成为哲学大师，但如果他长期努力的话，也许会创立出有一定影响的哲学思想，或创立一个小小的哲学流派，甚至兴起一点小小的哲学思潮，或者像尼采、叔本华之类，留下几本著作，留待后人发挥。

可是，索罗斯并不具备呕心沥血搞学问的素质，他的心思经常被利益牵动。他经不住金融市场和股市的诱惑，一旦有适当的时机，或在哲学上长期搞不出什么名堂时，他就会立即回到股市上去。

正是由于这些原因，使索罗斯长期喜欢哲学，但却不可能在哲学上有什么值得让人学习的创见。然而，他在哲学思维上所下的功夫，得到了物质上的丰厚回报。

索罗斯进入华尔街的早期，在缺乏可靠材料的情况下，能够写出让人喜欢的市场分析报告，这得益于哲学思维；而在后来的投机中，能够独辟路径，大得投机之道，在很大程度上也是得益于其独特的思维方式。

这就是说，索罗斯的哲学梦虽然没有变成现实，但他在哲学上花费的心血，却在金融投机事业中结出了果实。这个结果用“歪打正着”来概括，也许再合适不过了。

事业取得突破

我完全投入这一工作，但这确实是非常痛苦的经历。

——索罗斯

回归金融市场

索罗斯花了3年的时间研究哲学问题，他怀着浓厚的兴趣和勃勃的雄心，对人们认识世界的方式和这种认识对历史过程的影响等重大问题进行了一番思考。

按照他的初衷，他本想重新构造人类的知识体系，给人类的认识指出一个新的方向。可是，经过了3年的冥思苦想，他也得出了一些结论，但却无法对这些结论进行逻辑论证，也没有搞出几篇有影响的论文。最后，他甚至连自己对以前写过的东西都弄不清是什么意思了。

这时，他似乎知道了哲学探索的艰难。看来，哲学的探索并不比金融炒作容易。

了解到这里之后，索罗斯便暂时放下了哲学，重新回到了金融市场。

为了解美国的证券市场，索罗斯创造了新的实验形式。

1966年，钻研哲学没有什么收获的索罗斯，重新把兴趣转移到了金融业。到这时，他从欧洲来到美国已经整整10年了，在这10年中，除了在提特海姆公司搞欧洲工业公司和金融公司的分析中小有成绩外，可以说，他没干成什么像样的事业。

特别是受肯尼迪境外投资税政策的打击以后，他长期沉思于哲学之中，把工作不再当作事业，而是当作一种谋生的手段后，他在金融领域更没有什么作为。

当索罗斯重操旧业时，肯尼迪早已化作灰烬，美国的投资业和证券市场，正出现新的生机。

而这时，索罗斯才觉得，他搞哲学和著书立说，纯粹是浪费时间，同时，他也认识到，自己虽然到美国已经10年，而且一直靠金融工作谋生，竟然对美国的证券市场知之甚少，于是，他下决心深入证券业，掌握美国证券市场的情况，探索其中的奥秘。

当索罗斯下决心研究美国证券市场后，他并不是找很多的有关书籍来读，这个热心思考胜于读书的人，有他自己独到的学习方式。他似乎已经认识到，读多少书，也不如实际操作一下，更能够把握事物的本质。

于是，索罗斯创造出了一个别人很难想到的“自我教育”方式。他利用公司的10万元钱，开设了一个投资模拟账户。

他把这些资金分成16份，将其中的一两份投入索罗斯认为效益好的股票中；而把其他的份额投入到相应的股票当中去。投入之后，进行追踪。对于追踪的结果，每个月写出一份分析报告，尽量找出该种股票发展良好的原因。

在这些分析报告中，索罗斯以实际材料为依据，以哲学思维进行推理和判断，并通过归纳得出简短的结论。在分析比较中，他掌握了各个股份的绩效情况。

经过几个月的追踪研究，索罗斯不仅掌握了美国的证券知识，还对投资美国的证券业有了实际的经验。

这时，索罗斯认为自己的经验需要进一步进行验证。于是，索罗斯就用实际的运作来检验自己的认识正确与否。

在追踪投资绩效的过程中，索罗斯发现卡车货运股比较有前途，绩效比较好，于是，就把模拟账户中16个份额中的4个投入到了货运股上。结果，获得了良好的回报。这个实验说明索罗斯创造的投资模拟是成功的。

通过搞投资模拟实验，索罗斯得到了真正的证券知识，掌握了证券投资的基本规律，把握住了深层的东西。于是，他在模拟账户的基础上，建议公司按照他分析的情况进行投资。

就这样，索罗斯在学习的基础上，开始了他的真正的投资活动。

从索罗斯学习美国证券市场的例子中不难看出，他探索市场的步子迈得很扎实。

首先是模拟设计完善，想得很全面，用有限的资金，达到了尽可能宽的布局；其次，他的模拟投资活动，走得很稳，完全看不出冒险的迹象；再次，在绩效配置上，他把资金的有效搭配，设计得尽可能合理；最后，在投入资金的扩大上，他采取了稳扎稳打、步步为营的方法，使投资风险降到了最小的限度。

在整个实验过程中，索罗斯的思路非常清晰，逻辑性非常强。对于一个搞金融工作的人来说，如果没有深厚的哲学功底，不可能设计出这样有逻辑性的投资网络来。

此外，在这个投资模拟中，贯穿了一个非常明确的哲学思想，那就是“大胆假设，小心求证”。这是美国人的一个重要的哲学信条，不过这个信条不是索罗斯创造出来的，而是哲学家杜威提出的。

索罗斯在他的实验过程中，不仅遵循了杜威的信条，而且遵循了杜威的哲学思想。在杜威看来，思想、概念、理论都是人们为了达到某种目的而设计的工具，它们没有什么真理和谬误、真与假之分，而只有适用与不适用、经济还是浪费、有效还是无效之别。

索罗斯在他的绩效实验中，完全遵循了这些哲学思想。看来索罗斯经过几年的哲学探讨，虽然没有创造出自己的东西，但却学到了不少杜威的东西。而且，他尽管在哲学的研究中写不出多少有真实价值的东西来，可是，在股市的分析中，却是得心应手，写出了一篇又一篇有价值的东西。

在套头交易中，索罗斯给公司和客户赚了不少钱，而他自己却获得了一些经验。

索罗斯在设置虚拟账户进行投资实验的学习过程中，看出了各投资股份发展的不平衡性。这些不平衡，正是投资利润的差异。

任何金融投资，都是为了追求最大限度的利润，既然不同的股份存在着明显的利润差异，那么，任何投资者都会很自然地把资金投向利润最大的股份。

索罗斯在实验中看出了股市投资的门道，于是，他在模拟训练的基础上，开始了一种他过去没干过的投机活动，这就是，套头交易。

这种交易以前也有人发现过，早在20世纪40年代末，一个叫琼斯的新闻记者在追踪股市变化的时候，发现到一个重要的现象，他注意到，一个投资机构的基金，有些部分运作得非常好，而另一些却很差。

于是，他设计了一个模拟，在股市看涨的形势下，一个投资者会增大原有的80%的资产投入，同时，缩小其余的20%的投入；相反，在股市下跌时，投资者会缩减其80%的投资，只对其余的20%进行投入。这样，他在股市的涨跌中，就有了一定的抗风险能力。

这种投资形势尽管合理，但由于金融市场不很活跃，所以，这种套头生意，并没有得到普遍的推行，它在很长的时间内，仅仅局限在了股票和证券业务中。

索罗斯在自己的实验中，发现了金融投资的收益差别。于是，自发地触摸到了客观存在的发财机会。于是，他搞起了套头交易。

由于索罗斯的才能，他在不长的时间里，就获得了公司和客户的信任。他们愿意听从索罗斯的意见，把钱投到索罗斯指引的方向。

索罗斯在经营过程中，显示出了高人一筹的才能，他既有眼光，能够从宏观上把握全局的变化，又很细致，每一笔投资，都把客户的风险降低到最低限度。

由于这些条件，再加上当时美国证券和金融市场的走势良好。所以，索罗斯做得非常顺利，给公司和客户赚了不少钱，而他自己也有所得，那就是搞套头交易的经验。

索罗斯觉得有些不平衡，于是，他开始考虑怎么办，因为他不富裕，他也需要钱。

就在索罗斯做套头交易得心应手的时期，他父亲的癌症已经到了晚期，父亲治病、母亲的生活都需要钱。这些负担应该由做儿子的承担一部分，可是，索罗斯除了工资之外，没有多少额外的收入。

索罗斯的父母的生活状况不时出现窘况，这使索罗斯不能不想起他少年的经历和在伦敦的漂泊岁月。

没钱的日子太难过啦！在布达佩斯时，由于父亲过早地把家产折腾光了，以致造成了家庭生活的困难，因此，他们的生活不得不节衣缩食，即使如此，在迫不得已时，他还得去借债。

借债那滋味，索罗斯在少年时期就尝到过，是很不好受的，他这辈子都不会忘记。而到了英国，索罗斯孑然一身，由于没钱而遭到亲友拒绝的经历，申请救济而被犹太人救济委员会呵斥的感受，索罗斯更是不会忘记的。

到索罗斯考虑设计基金会之前，索罗斯只受过穷，还从来没富过。所以，他对穷困的体验是非常深刻的。

怎样才能摆脱贫困？也许索罗斯想得不多，但在他困难的时候，他曾发过誓："我生来一贫如洗，但决不能死时仍旧贫困潦倒。"

索罗斯会不会穷死，这还很难说，然而，眼前他父亲就要在穷困中度完余生了。苦难的经历、贫穷的折磨、生活的重负等等，都向索罗斯提出了一个共同的要求，这就是"钱"。

在物质社会流传着这样一句话——有钱虽然不是万能的，但没钱却是万万不能的。然而，索罗斯在生活实际中却体察到了这个道理。现实问题和自身的条件，促使索罗斯去开创自己的投机事业。

索罗斯耐不住贫穷的折磨和利益的诱惑，他在现实面前不得不考虑，在为公司和客户赚钱的同时，为什么不能为自己赚一点钱呢？

于是，他考虑到，何不在为公司和客户进行交易的同时，也给自己搞一点金融交易？可是，搞金融交易是需要钱的，不管是自己的钱，还是别人的钱，作为操作者，手里必须有可供使用的资金，资金是运作的工具。

然而，索罗斯在20世纪60年代中期，依然很穷，几乎没有什么个人资产。怎么办？他发挥自己的天才，没有“工具”就自己制造工具。在1966年，他说动一些客户，把资金拿出来进行投资。为此，他设立了一个小型的投资基金会，叫作“双鹰基金”。经过一年的运作，索罗斯取得了进一步的经验。

这时，索罗斯已经成熟多了，因此，相信他的人也多了，这一次，他得到了400万美元的本金。他用这些资金，开始了一面为公司工作，一面为他的基金工作的套头交易。

如果说索罗斯原来设立的10万美元的投资模拟账户，是一个学习活动的话，那么现在，他设立了400万美元的基金，则是小型的实际运作。

这时的索罗斯，思想已经很深刻了，出于对哲学的长期追求，使他具有华尔街的一般金融家所没有的智慧。

一般的金融家，也许技术水准很高，业务知识丰富，操作技能很强，但未必有深刻的思想。而索罗斯在金融知识方面并不见长，他甚至对复杂的数字不感兴趣，可是，他却对金融市场的形势了如指掌，能把握金融走势，资金流向，还对股市和投资方向有很强的预见性。

索罗斯还有一个明显的长处，他知道自己的优势和劣势。因此，在实际行动中，他总是设法发挥自己的长处，而弥补自己的不足。

在套头交易中，他知道自己对美国证券业的情况不如对欧洲市场那样熟悉，因此，即使在设立模拟账户获得成功之后，他还是探索着往前走，而不是孤注一掷的赌博。在这些思想的作用下，索罗斯小心谨慎地操纵着他的基金。

重新回到金融市场的索罗斯，现在已经把金融投机当成事业去干了，他似乎意识到了自己在哲学上，不可能成为波普尔那样的大师，而且，玩金融游戏，远比研究枯燥的哲学问题有意思。

哲学充其量能给人一点启发，能打动人的心，这些都是看不见摸不着的。而金融投机则不然，它能给人带来实实在在的刺激。

在投资或投机过程中，投出去的是资金。如果赔了，会使人痛心疾首，痛哭流涕，甚至会想着去死；相反，如果投资赚了，就会使人欢呼雀跃，高兴得手舞足蹈。

这样的刺激是活生生的，是看得见摸得着的。所以，对一般人来说，搞金融投机，远比研究哲学更具有吸引力。

根据索罗斯的智力和思维能力，如果说他的这些条件，想做一个哲学家还远远不够的话，那么，要做一个金融家或股市投机家，还是绰绰有余的。

索罗斯思维敏捷，接受能力极强。当他需要学习某一行业的业务知识时，能够在短短几天的时间内就把情况搞清楚，如果需要了解某个公司的情况，他可能在几个或几十个小时内就对它的情况了如指掌。

同时，哲学的思维，使索罗斯具备了一般人所没有的宏观把握金融市场的能力和潜在的预见能力。

有了这些能力，索罗斯能够根据甲地发生的情况，预见到可能在乙地引起的连锁反应，再根据这种相互关联的变化，准确地判断出股市和金融市场即将发生的情况。由于有了这些预见，使他既能早他人一步把握投资机会，又能干出一些别人不理解，但事后证明是完全正确的行动。

他的同事曾经用敬佩的语言评价索罗斯，说："他能够把握不同事物之间的内在联系，以及这些事物与投资的关系。"

"他和别的金融家不是同一个层次上的人。"

"在宏观问题上，他是一个最优秀的投资家。"

在金融领域中，索罗斯无疑是个很聪明的人，尽管聪明，但他从不耍小聪明，而是扎扎实实地学习和工作，为了搞清一个公司的情况，他可以长期进行追踪。为了分析准确，索罗斯可能连续10多个小时地工作。

索罗斯善于文字表达，他常常用最简单的文字，写明深刻的问题。而这些语句又常常使他的同事琢磨很长时间才能看懂。在华尔街的金融圈子里，即使在索罗斯没有赚到大钱时，凡是接触过他的人，都认为他有明显的与人不同之处。

这些特点，其实就是个人才华的表现。

索罗斯不仅仅是有很强的预见性，这使得他能够准确把握投资时机，行动果断干脆，毫不犹豫。

正当索罗斯把他的聪明才智用于金融事业和他的基金时，也正是美国的证券业和金融市场迅速发展的时期。这时候，索罗斯的投资理论也逐渐成熟，他在实验中创造了自己的投资理论，又在实践中对这些理论进行了总结和完善。

有了理论就应该用它来指导实践，当索罗斯用他的理论指导投资活动时，他得出的结论是，股市的上涨或下跌，只要运作得好，都可以赚到钱。

20世纪60年代末，索罗斯把他的理论用于分析房地产信托投资业的发展趋势和投资前景，他认为，房地产信托业有自己的变化规律，它会有一个急速上升后转为衰落的过程。

索罗斯认为这个周期可能是3年。在3年左右的时间里，它会出现由暴涨转为下跌，最后导致破产。3年后，果真证明了索罗斯的预见。

而索罗斯不仅仅是预见，而是在预见中进行投资。他能够准确把握时机，行为果断利落，该出手时毫不犹豫，果断下注。

在房地产业刚刚呈现发展机会，但其股票价值还较低的时候，他不顾别人的反对和不理解，大量买进。相反，正当房地产信托股份上涨很火爆的时候，他又突然把它的股票全部抛空。

这个回合，使索罗斯在这家房地产信托公司股票价值涨落过程中，获得了100万美元的利润。

从60年代末至70年代，美国的证券业发生了突飞猛进的变化。世界的金融市场也变得异常活跃起来，索罗斯正是在这个时候形成自己独特的理论，并获得了投资和投机的经验。

当索罗斯设立自己的投资基金时，他正在安贺·柯莱公司任职。在公司，他的职责是为客户推荐股票和为公司进行交易。他把自己的理论和研究成果用于投资实践，这些理论和分析成果，既为公司使用，也用于自己的投资过程。

客户做的可能是自有资金，而索罗斯的基金则是在拥有一定资金的基础上，既可以多做，也可以卖空，这样，假如资金数额相同，索罗斯就可以做出3倍于一般客户的生意。

索罗斯的投资活动，在其理论的指导下，越来越得心应手。他对市场认识清楚，对形势把握准确。他是一个有战略眼光的投机者，因此，总是能够根据形势的变化，预见到经济发展的趋势和这些趋势给一些公司业务带来的直接影响。

在这种分析和预测的基础上，索罗斯敢于把自己的资金和掌握的股票以及债券，及时地抛空或买进。

比如，在20世纪60年代末，当高科技公司刚刚兴起的时候，他就看准了它的发展前途，于是，对于其中发展前景看好的公司的股票大量买进。不久，随着人们对新科技发展趋势认识的理想化，于是，出现了认购高科技公司股票的狂潮，特别是一些证券经营者，就像赌博一样地把全部资金都投入到了高科技公司。

其实，当时的高科技利润还远远不像这些投资者想象的那么高，这些本来很有前途的公司，在一些金融投机者的哄抬之下，出现了股票认购风潮，由此带来了利润的膨胀。

而早这些人一步的索罗斯，已经在较低的价位上购入了它们的股票，而认购狂潮到来的时候，索罗斯预计到，随着人们对这些公司利润实际增长率的认识，原来过高的期望值肯定会破灭，因此，必然会出现抛售狂潮：到那时，这些公司的股票将会下跌。

于是，在别人疯狂认购这些股票的时候，索罗斯却一反常态，把手中的股票抛空。他得到了相当可观的利润。

而其他投资者就没这么幸运了，他们都被狂涨的形势弄昏了头脑，死死抓住手中的股票不放，总想着还有更高的价位。但是等在后面的不是更高的价位，而是深深的陷阱。

随着狂潮的冷却和人们对高科技公司利润表现出来的失望情绪渐浓，果然出现了抛售高科技公司股票的风潮。那些等待高价位的股票持有者，一夜之间就由百万富翁变成了穷光蛋。

索罗斯赚了，而大量的投机者和投资者却赔惨了。

那种只听索罗斯买进的建议，而不听其抛出的建议者，如果一旦被套牢或赔钱，毫无疑问地会迁怒于索罗斯。可是，索罗斯对此又有什么办法呢？

索罗斯在操作他的资金的过程中，由于有理论作指导，尽管其中有赔有赚，但赚的总是大于亏的。盈利效果非常明显。他的投资绩效达到了其他的资金运作所无法比拟的程度。

而公司和一般的客户不具备索罗斯的素质和条件。因此，不可能获得索罗斯那样的绩效。于是，就出现了利益差别。

造成这些差别的原因只有索罗斯能够说清楚。或许是他告诉别人的并不是他认识的全部，或许是别人对于他的意图掌握不准，或许是索罗斯利用了一些人来为其造势，他自己从中赚钱。

人们在利益问题上最容易发生矛盾。随着索罗斯的“双鹰”基金盈利的增加，公司内部，以及客户们对他的意见也就越来越大，而且索罗斯的“双鹰”基金内部也出现了意见分歧。

值得说明的是，索罗斯在公司任职，一方面给公司干，另一方面给自己的基金会干，并不违反公司的任何原则，这在当时的制度下也是允许的。如果不出现利润的不平衡，或者是索罗斯的基金会赔了，而公司赚了，也不会有来自基金会以外的那么多意见。

索罗斯在给客户提出建议和促使本公司投资时，其意见和方案在内部是透明的。在实际操作中，尤其是在股票的购入活动中，也是按公司的规定办事的。应该说在工作中找不出索罗斯的什么问题。

然而，他的基金赚的钱多了，其他人就开始不满意了，不满意就会有意见，有意见必然产生越来越明显的矛盾。

索罗斯是经历过复杂世面的人，他并不怕任何矛盾和意见，也不怕有分歧，可是，他并不愿意在这些无聊的纠纷中浪费自己的时间，以他的才华和经验，他到任何一家公司都能干出一番事业。

因此，索罗斯在矛盾面前采取了“走为上”的计策。他愉快地离开了安贺·柯莱公司。这种离开是一种友善的分手。

索罗斯在安贺·柯莱公司建立起来的“双鹰”基金怎么办呢?

索罗斯受波普尔的影响，在他的基金王国中，采取的是开放政策。任何股东，愿来就来，愿走就走。当索罗斯离开安贺·柯莱公司的时候，对他的股东们采取了相当积极友好的态度，愿意留在安贺·柯莱公司或愿意跟索罗斯走，一切都由股东自便。

一些对索罗斯深信不疑的股东和靠索罗斯赚了不少钱的股东们，

还是愿意跟随索罗斯的。因此，索罗斯在离开安贺·柯莱公司并对他的基金进行重组的时候还是得到了不少的资金。

带着深刻的哲学思想重回金融市场的索罗斯，经过了七八年的奋斗和探索，在股市和金融市场的发育中，不仅取得了惊人的业绩，而且，他自己总结或创立的投资理论已经成熟了。

成熟的理论和旺盛的精力，再加上一个良好的投机环境，给索罗斯提供了一个大展雄才的广阔空间。

索罗斯迈向世界巨富的道路已经不远了。

与罗杰斯合作

1970年，索罗斯和吉姆·罗杰斯携手合作。罗杰斯是耶鲁大学1964年的毕业生。他是在阿拉巴马州的德马波利斯地区发迹的。

索罗斯和罗杰斯，多好的一对投资合作伙伴，甚至是华尔街地区最好的一对。

罗杰斯曾经在英国剑桥大学学习政治、哲学和经济学。给索罗斯的印象是：他是一个亲英分子和自诩的哲学家。服军役的3年时间里，罗杰斯获得了炒股专家的声誉。他甚至掌管了他上司的股票业务。

1968年，罗杰斯在华尔街贝奇公司找到了第一份工作。仅仅靠600美元的本钱，罗杰斯在股票市场开始从事商业活动。两年以后，他开始在爱霍德·布雷彻尔德公司为索罗斯做事。

然而在那时，新的经纪业条例实施，不允许索罗斯或罗杰斯从公司的股票经营中得到好处。尽管爱霍德·布雷彻尔德公司不想让他们离开，但索罗斯和罗杰斯都很想成为独立资产的经营者。他们辞职并建起了自己的公司。

1973年，他们建立索罗斯基金管理公司。办公室设在纽约的可以俯瞰中央公园的3间房子里。

在那时这是多么奇怪的观念。一个人为什么会对投资感兴趣而使自己远离权力中心呢？

罗杰斯喜欢这样解释，他和索罗斯不具有典型的华尔街人士的思维方式，似乎没有什么理由非得置身于华尔街管区不可。对索罗斯来说，更为重要的是，办公室仅仅是他在中央公园西部社交合作社的一部分。

在索罗斯基金管理公司里，工作的气氛要比节奏感很强的华尔街其他公司轻松得多。夏天里，职员们穿着网球鞋上班，有时候，包括罗杰斯本人，骑自行车上班。

索罗斯和罗杰斯喜欢办公室这种和谐随便的氛围，他们希望能长期维持。不管能够赚多少钱，他们每周都工作 80 小时。

公司创办之初，仅他们两个人，索罗斯是经纪人，罗杰斯是市场调研员。这之后，又加入了一个秘书。

办公室似乎太小。他们有太多的事情要做。规模小有小的好处。他们可以集中精力做手头的活，不必担心群体的失误，不必处理太多的文件，不必处理因办公室扩大而产生出来的无数的零碎琐事。

然而，他们赢得了顾客。他们做股票投资，利用期货交易或贷款，在日用品和证券市场上下赌。在经营的范围上是空前的，索罗斯基金管理公司从事各种商业活动，包括证券、日用品、公债和股票。

从 1970 年开始至 1980 年他们分道扬镳，索罗斯和罗杰斯没有哪一年亏损。华尔街管区的人谈到他们，总是充满敬意。他们似乎比其他人更了解经济状况的变化。

1973 年，公司资产为 1250 万美元，一年后，达到 2010 万美元。

1980 年年底，公司资产达 3.81 亿美元。

因为是私人合伙，公司比其他公司多一些优势，更为方便。最重要的是，它可以卖空，这对其他投资者来说，承担的风险太大。

卖空似乎是一种没有害处的方法，但是，对于一些人来说，这意味着没有同情心。

他们会说："公司经营状况不佳，一个人怎么还能存侥幸心理下赌注呢？你究竟是怎样一种人，难道你不忠实于你的事业么？利用别人的不幸发财，你能做这种人吗？"

索罗斯却不在乎别人怎么说。在他看来，技巧能发挥神奇的效力，国内和国外市场给他带来巨额利润。公司可以用保证金购买股票来达到自己的目的。规模较小给索罗斯的公司节省了资金，可以避免难于负担的官僚机构，可以比大公司更容易抽出或投入购买股份的资金。

索罗斯和罗杰斯两人紧密配合。

罗杰斯解释说："一般地，如果我们意见不一，我们不会轻举妄动。然而，也有例外，如果谁强烈地想做某一生意，他可以去做。事情做完了，这笔生意做的对与不对，就显而易见了。经过仔细考虑，我们就会看法一致。我不喜欢使用这个词语，因为看法一致的投资是一个灾难。然而，大多数情况下我们却能达成共识。"

在独立思考方面他们引以为荣。

正因如此，也最终导致了他们的瓦解。他们都如此桀骜不驯，以致彼此都误解太多。

但是，他们短暂的配合却十分默契，像一台上了润滑油的机器。他们都认为，从华尔街地区的分析家那里是学不到什么东西的。罗杰斯认为，那些人只知道人云亦云。因此，他们两人都亲自选择股种。

他们喜欢看书。

他们订阅 30 种商业报刊。他们熟读那些一般人感兴趣的杂志，寻找那些可能有社会价值或经济价值的内容。数百家公司的通信录上都有索罗斯基金管理公司的名单。而管理公司也存有与国内外 1500 家公司发生业务往来的记录。

罗杰斯每天都要细心研究二三十份年度报告，以期发现一些有趣的公司发展的材料或感知一点别人不能清楚地看到的较长时间内股市走向。

他们百折不挠所追求的就是一种突变。

索罗斯为了验证他的理论，在股票族中，他密切注视着别人还没有意识到的变化。正如罗杰斯所说："对于公司最近能赚多少，或

1975年铝的经营量怎样，我们并不那么关心，因为我们正在考虑的是：社会的、经济的和政治的因素会怎样改变将来的产业和股票族的命运。如果我们所预料的和股票的市场价格差异很大，那一切都好了，因为那时我们可以大赚一笔。”

20世纪70年代初，索罗斯在银行业中发现的“变化”就是其中一例。

1972年，索罗斯敏锐地感觉到在这一领域将要发生变化。那时，银行业信誉最糟糕，银行职员被看作是庸俗而又呆笨的。几乎没有人相信银行业能从酣睡中觉醒，自然，投资者对银行的股票毫无兴趣。

然而，索罗斯经过独自的研究，他发现高等商业学校毕业的学生已成为新一代的银行家，他们将对银行职员的行为进行规范，银行业正悄然而又明显地发生变化。这些新银行经理们正寻找银行业陷入低谷的原因。

这就有助于改变银行股票的前景，他们正采用新的金融措施，银行的盈利在上升。因而，银行股票实际上不可能超出票面价值。许多银行都已把他们的平衡能力发挥到了极限。要想持续发展，他们需要更多的资本净值。

1972年，第一国家城市银行举办了规模空前的股市分析家展览活动，并为他们设宴招待。使索罗斯大力恼火的是，他没在被邀请者之列。但这次宴会却刺激他采取行动。

他写下了题为“发展银行之事实”的经纪报告，提出了与其他人完全不同的观点，他认为：“当银行股票找不到出路的时候，股票将会降价。”

这篇报告的出版和宴会的举行是同时的，索罗斯的观点是通过对银行股票透彻分析后提出的。在这之前，他曾向一些经营较好的银行提出忠告。经过一段时间以后，银行股票开始上涨，索罗斯从中获得了50%的利润。

银行业的转变标志着走向20世纪70年代大繁荣的开始，大繁荣加速了80年代美国公司的扩大和合并。

为了在国外经济方面同样取得迅速进展，索罗斯寻找在国外股票市场中投资。哪些国家对外国投资者开放市场呢？哪些国家为经济的稳定提供了新的政策呢？哪些国家将进行市场改革呢？

索罗斯希望能获得规模效益。一个曾给索罗斯当助手的人说："和任何精明的投资家一样，索罗斯总希望用最少的投资得到最大的利润。"

索罗斯喜欢瞄准那些不成熟的市场，如法国的、意大利的和日本的。他希望比其他投资者早6—18个月进行投资。

因此，索罗斯购买了日本、加拿大、荷兰和法国的证券。在1971年一段时间里，索罗斯资产的1/4用于购买了日本的股票，这场赌博使他的资金翻了一番。

索罗斯和罗杰斯选择股种很精明。

1972年，索罗斯的一个熟人突然向他提及，根据商业部的一份私人报告，美国的发展依赖于外国的能源资源。因而，索罗斯基金董事会大量收购了石油钻井、石油设备和煤炭公司的股票。

一年之后，即1973年，出现了阿拉伯原油禁运，引起能源业股票的飞涨。

1972年，索罗斯和罗杰斯也预见了食物危机。因为购买了化肥、农场设施和粮食加工业的股票，他们获得了可观的利润。

而且，他们的超人之处继续显露出来。与此同时，索罗斯和罗杰斯很狡黠地把军事防御工业作为一个大有潜力可挖的投资场所。

1973年10月，当埃及和叙利亚武装部队大规模进攻以色列时，以色列十分震惊。那场战争开战之时，以色列处于防御状态。造成了数千人的伤亡，损失了众多飞机和坦克。种种迹象表明：以色列的军事技术已经过时。

这使索罗斯想到了美国的军事技术很可能也已过时。如果美国国防部意识到了自己武器装备已经过时，他们有可能会花大量经费去进行更新改造。

这一项目对于大多数的投资者来说，没有丝毫的吸引力。自从越南战争结束以后，兵工企业亏损严重，金融分析家们连听也不愿听。

然而，1974 年年初，罗杰斯仍然密切关注军工企业。这种内在潜力促使罗杰斯独辟蹊径。他到华盛顿和国防部的官员周旋，又找美国军工企业的承包商谈判。

索罗斯和罗杰斯越来越坚信，他们的判断是正确的，其他的投资者将会失去这一发财的好机会。

1974 年中期，索罗斯通过军工企业的股票开始大发其财。他购买了诺斯罗普公司、联合飞机公司和格拉曼公司的股票。而且，虽然洛克希德公司面临倒闭的危险，索罗斯还是在这家公司进行了赌博性投资。

索罗斯和罗杰斯对这些公司掌握了一条十分重要的信息，它们都有大量的订货合同，通过补给资金，在未来几年中可获一定利润。

1975 年初，索罗斯基金董事会开始向供给电子装备的工厂进行投资。在赎罪日之战中，以色列空军的失利，主要归因于缺乏尖端的电子对抗手段，以压制掌握在阿拉伯人手中的苏制武器的火力。

索罗斯和罗杰斯注意到了这一事实。

同时，他们也注意到现代化战争正发生根本性的变化。现代化武器装备取决于技术的状况：灵敏的电子元件、激光定向的炮弹和猛烈异常的导弹。

所有这些都需要花费大量的资金。索罗斯和罗杰斯的正确决策，为他们赢得了巨额利润。

在这个时候，索罗斯的秘密是什么呢？

首要的是极大的耐心；其次，在股票市场什么地方寻“金”，要培养出极高的敏感性。大家都在寻“金”，在什么地方寻“金”各有各的理论。然而，索罗斯能把他的触角伸向不断变化发展的金融市场，持续不断寻求来自还处酝酿之中的一些事物所发出的神秘信号。

得到信号之后，他就会像火箭一样依赖导航系统自动飞向目标。从不会向人泄露他为什么确定这一方向而不是另一方向，并在市场现实中验证他的直觉。

他坚信自己是正确的。他所要做的事情就是年复一年地去探究。

转变经营策略

量子基金由双鹰基金演变而来，1973 年改名为索罗斯基金，1979 年，索罗斯又将公司更名为量子公司。

按照一般人的逻辑，他应该可以轻松下来，过一种平静安逸的生活了。可是他不能。他的父母溺爱他和他的哥哥，但是，他却不能这样对待妻子儿女。全身心地沉浸于工作，他几乎没有留一点时间给妻子，更不用说孩子了。

1977 年，他的婚姻破裂，他和妻子在次年离婚。

1979 年，索罗斯只有 49 岁。他拥有足够他一辈子花销的钱财，但是他第一次感到了紧张的工作带来的痛苦。公司发展了，需要更多的雇员。职员便由原来的 3 个增加至 12 个。

索罗斯不再是一个只需同一两个人交谈的小公司的经营者。现在他不得不为一些新的事情操心：给别人分配任务。按照他的一些助手的说法，他有一点这方面的能力。

财源滚滚而来，要求作出越来越多的投资决定。而作出正确的有发展前途的股票的排列，确非易事。

而且，罗杰斯让他大伤脑筋。他们之间一般是可以消除分歧的。但是，现在，出现了紧张局面。罗杰斯并不想建立如此大规模的公司。

当索罗斯试图接纳另一伙伴，想对他经过训练使之成为自己的接班人时，他和罗杰斯陷入了尴尬之中，罗杰斯不同意这样做。

他们伙伴关系的解除是很滑稽的，因为 1980 年是索罗斯和罗杰斯最成功的一年。但在这年 5 月，罗杰斯离开了公司，带走了他 20%

的资金利润，价值1400万美元，剩下索罗斯80%的利润，价值5600万美元。

罗杰斯说明他离开公司的原因时，认为公司的规模太大，职员太多，他不得不花很大精力去安排他们的假期和工资提升。索罗斯和罗杰斯在公开场合都没有着力去说明他们分裂的原因。

继续去苦心经营，是否有意义？对此索罗斯也持怀疑态度。他已经赚到足够花销的钱。日常工作折磨着他，他感到想赚别人的钱、雇用职员等的压力。

而这一切又是为了什么呢？报酬在什么地方呢？乐趣又在哪里呢？

经过令人难以置信的12年，经过艰苦奋斗走向成功，索罗斯意识到：仅仅作为一个投资商而生活，是难以让自己满足的。

1980年，当索罗斯不再怀疑他的成功的时候，他想到了个性转变。如果不能享受成功的欢乐，那遭受的所有痛苦和紧张又有什么意义呢？索罗斯认为是开始享受自己劳动果实的时候了。

个性转变影响了索罗斯的生意。如果一项投资被证实是失误了，他会很快调整自己的心境。他对工作恪尽职守时间太长，与高水准人接触使他长时间立于不败之地。

但是现在，他似乎是在与一些不可信赖的人打交道，至少批评他的人这样认为。事实上，他确实花了不少时间同政府官员交往，特别是与联邦储备委员会主席鲍尔·伍尔克。

“如果你想从政府官员那里得到投资建议，这会把你推向贫民窟。”从事货币管理的盖利·麦罗浴维斯说，他后来加入了索罗斯公司。

1981年夏，没有谁想到索罗斯公司正向贫民窟迈进。有些人是真正的关心，然而，并非所有人都怀有好意。紧接着出现了美国公债市场大为丢脸的失败。

索罗斯与美国公债市场出现问题是在1978年年底，当时鲍尔·伍尔克决定消除通货膨胀。贷款利润率从9%上升为21%，索罗斯确信就在这个夏天，国家经济上会因此蒙受损失。当公债在初夏重振旗鼓之时，索罗斯开始购买。

索罗斯所借的银行短期贷款的利润率已经上升到超过了长期公债的利润率。这种情况将破坏国家经济，迫使联邦储备委员会降低银行利润率，提高公债的地位。然而，经济却仍然保持强劲势头，利润率也越来越高。

如果索罗斯在公债市场上能坚持“积极生息运作”求得平衡，那么他就会相安无事。如果公债利息比从经纪人那里借钱的利息高，那么生息运作就是积极的因而也是有利可图的。

显然，当利润率为12%时，索罗斯的观点是对的。因为，公债的利息上升至14%，又很快到15%，但是贷款利息却爬到了20%，产生了“负性生息运作”，没有任何盈利。

这一年，索罗斯每股公债损失了三五个百分点。据估计，他损失了合伙人的8000万美元。

因此，这些合伙人碰到他都畏畏缩缩的，几个重要的欧洲合伙人决定抽走资金。索罗斯的一个助手回忆说：“他感到了失败。他觉得被迫在一个不适当的地方作出了一个错误的决定。”他从精神和物质上都愿意忍受痛苦，但是，他的投资者们不愿意。他意识到他的唯一致命弱点是这一群不可靠的投资者。在市场中受到打击使他非常烦恼，亏损了资金使他恼火，但还不至于毁灭。他感觉到人们正在抛弃他。面对市场，他不知何去何从。

富有讽刺性的是，索罗斯预料国家经济状况恶化，已得到证实。但时间相差6—9个月。他预言较高的贷款利息会暴跌，也是正确的，但那是在1982年，在索罗斯在公债方面受到重创之后。

不合时宜的吹捧

在20世纪80年代，索罗斯对新闻界的宣传不感兴趣，新闻界在很大程度上也忽视了他。

偶尔有一次，《华尔街日报》在头版登载了一篇报道，介绍了他的生涯。他也曾受邀参加了一系列公开的股票分析讨论会，除了几个固定场合外，索罗斯不肯再吐露更多的信息。

1981年6月，索罗斯出现在《公共机构投资者》杂志的封面上。在杂志封面他的笑脸下写着：

世界上最大的金融经营者，索罗斯从没有哪一年亏损，他每年的盈利令人瞠目结舌。让我们看看过去10年他是怎样在证券经营中冲刺，并在此过程中为自己赢得1亿美元资产的。

这篇文章意在使人们把索罗斯看作是商业活动中的超级明星，正如博格在网球场上，杰克·尼克劳斯在高尔夫球场上和弗德·麦斯在舞场上，索罗斯在证券经营上同样辉煌。

这篇文章说明了索罗斯怎样积累资产。从1974年仅1500万美元的资产，至1980年年底，索罗斯公司已发展到3.8亿美元。在过去12年中，索罗斯如何为在巴黎安斯特顿和班克·罗斯查德地区的顾客海尔德林和皮尔森等人经营证券等等经历。

他没有哪一年亏损：1980年公司盈利幅度令人吃惊，竟高达102%。索罗斯把他的报酬转换成个人资产，价值1亿美元。

看过这篇文章的人肯定会认为：索罗斯是一个谜，一个魔术师，他不透露自己的秘密，狡猾而机智，但不会是不诚实、不聪明或不杰出的人。

在这里补充一点有关索罗斯的神秘活动。没有人能确切地知道他会在哪一个地方投资，在一项投资活动中他会待多长时间。作为一个海外投资的经营管理者，他不用去证券与汇兑委员会登记注册。他避免接触华尔街地区的行家。

在生意场真正认识他的那些人，都承认他们没有跟他过于密切地来往。至于名誉，人们普遍认为他丝毫不在乎，而且过得十分快活。

在很长一段时间内，索罗斯都拒绝《公共机构投资者》杂志进行采访，他提出："如果你和市场打交道，你就应该默默无闻。"

那个夏天，索罗斯是多么想能够默默无闻。然而，那个夏天他出名伊始，这使这位世界上最伟大的证券经营者在经营中遇到极大的麻烦。那个夏天的损失，极大地伤害了索罗斯。

因为，正如《福布斯》杂志1981年10月12日在编者按中所写：

如果世人不了解他的辉煌成就，也就不会在意他的逆转。

但是，由于《公共机构投资者》的封面报道，世人已经知道索罗斯所有的业绩，因而，那个夏天，世人也在关注着他。

大批投资者反叛的危险似乎还在增长。虽然索罗斯到欧洲跑了许多次，请求一位瑞士客户不要离去，但这位投资者已对公司失去信心。其他客户争相效仿。

一位助手谈到当时情况时说："这是索罗斯首次感受到哪些是忠诚的投资者，在那时一些伙伴丢开他走了。在过去的10年或15年中他给他们赚了大量的钱，索罗斯非常痛苦。他们抽回资金，使他受到了极大伤害。这之后的很长很长时间，索罗斯都不很主动地去赚钱。”

每当有人进入量子公司时，索罗斯就会按照惯例对他说：“不要和新闻界交往。”因为索罗斯基金公司被认为是有商业保密的。

绝大多数时候，人们根本不知道索罗斯要干什么。只有到最后，事情已经办成了，人们才知道原来又是索罗斯的杰作。如果走漏消息的话，人们会抢先起跑。如果人们知道他在做什么，他想购买什么东西，他们就会先于他去购买，这只会弄糟他的计划。

1981 年是公司最糟糕的一年，“量子公司”的利润下降了 22.9%，这是以前这么多年来第一年也是唯一的一年，公司没有盈利。

索罗斯的许多投资者就像一位观察家所说的“好作奇想的欧罗巴好大喜功者”。他们认为索罗斯深陷困境，不能自拔，所以超过 1/3 的人撤回了资金。

索罗斯后来说他不能责备他们。他们的离去带走了公司近一半的资产，高达 1.933 亿美元。

索罗斯谈到要退出市场，这似乎很自然，去做什么呢？他考虑了很长时间，也很认真。他想赶走所有的投资者。这样做的话，他将来至少可以不面对告别仪式。

写一部书的时机似乎成熟，他很早就想动笔。他甚至想好了一个暂时性的书名。他打算把它叫作《帝国的循环》。

帝国的循环

1981 年 1 月，罗纳德·里根接任总统。索罗斯惊奇地看到这位新的具有保守倾向的总统，正在实施加强美国国防的战略，但没有增加税收——作为对苏强硬的一部分。里根这位新总统的政策会怎样影响美国经济呢？是否又是一个繁荣—萧条序列的开始呢？

不错，索罗斯确信，肯定如此。

电视台时事评论员亚当·史密斯要求索罗斯解释，这种繁荣—萧条序列什么时候开始。

“你读早报的时候，铃还响么？”

史密斯问这位投资家，“它是怎样开始的？”

索罗斯说，首先，这种序列不是每天都出现的。他把里根的新政策称之为“里根帝国的循环”。在新政策里，里根许诺建立一个活动序列。索罗斯写道：帝国的循环是“以美元的强硬，美国经济的强大，财政预算赤字的扩大，贸易赤字的增长和较高的不动产利润率为基础的。其中心是良性循环，但在世界范围体系的边缘是恶性循环。你要有一个自我强化程序……这可能是无法忍受的，但最后会完全改变。因此，这是一种繁荣—萧条序列”。

对于某些事情，索罗斯可能是极富热情的，但是，对于公司的管理，他并不那么投入。他知道，在他的形象降低以前，他应该让一些有能力的人接管公司。1982 年他花了大量精力去寻找合适人选，最终他在遥远的明尼苏达州找到了。

那时，吉米·莫瑞斯是一个 33 岁的专家，经营一家在明尼阿波利斯基地的规模很大的合股投资公司，叫作 IDS 进取公司。莫瑞斯不是个不中用的人。那年，公司资产发展到1.5亿美元，上涨69%，成为1982年合股投资公司的冠军。索罗斯和莫瑞斯首次相识是在那年年初，此后，他们又相继在1982年接触过15次。

每次接触，因为索罗斯都让这个公司经理做一些"精神体操"，所以，莫瑞斯越来越明显地感觉到，索罗斯是想给他提供一份工作。但是，莫瑞斯必须首先通过索罗斯设立的一系列研究科目，因为这位投资专家还在刺探和挑剔他。索罗斯时常问自己，这位来自中西部的神童是不是最合适的人选。

1994年春天，莫瑞斯在曼哈顿的公园街道的办公室，当时他在这里经营自己的投资公司。他说："许多次，他都想了解你是否知道他准备去哪里，去做什么。然后，他想了解你的思维进程和你怎样跳出这些圈子。他会谈一些经济状况，目前发生的事情，详细地加以说明。然后，他会问：'给定这些条件和信息，对此你有何反应，你会做些什么？'"

即使找到了代理人，索罗斯仍然十分苦恼，他不知道是否该兼职做些事。对于莫瑞斯来说，毫无疑问索罗斯想让他给自己减轻点负担。

"身在市场，你就得准备忍受痛苦。"索罗斯多次告诫他。莫瑞斯感觉到索罗斯不再想置身于市场。他需要一个代理人。"我猜想我是他的第一个代理人。"莫瑞斯说。

令人啼笑皆非的是，索罗斯似乎正在摆脱困境，1982年他的公司经营良好。正如索罗斯所预料的，里根的政策使美国经济走向繁盛。那年夏天，当贷款利润率降低，股票上涨时，证券市场行情已渐趋看涨。

到那年年底，量子公司上涨了56.9%，纯资产价值从1.933亿美元攀升到3.028亿美元。索罗斯几乎又回到了1980年的水平（3.812亿美元）。然而，让所有人大跌眼镜的是，他却在这个时候退出了市场。

1983 年元旦，莫瑞斯报到上班。索罗斯把公司合股资金的一半移交给他，其余的一半分给了外部的 10 个经理。莫瑞斯除了要管理国内的所有业务外，他还协助索罗斯进行国际投资。因而，索罗斯处于一个不很重要的位置，莫瑞斯满腔热情，业务室还有 3 个人在操作。

虽然索罗斯降低了工作量，但他还是将大量时间泡在办公室里。除此之外春末他在伦敦待了 6 个星期，秋季他在远东或欧洲待了一个月，夏季他则留在长岛的南安普顿。

索罗斯和莫瑞斯彼此之间似乎非常协调。索罗斯着重宏观分析，总体描画，如国际政策，全球金融政策，通货膨胀的变化，银行利率和通货等。莫瑞斯的任务，就是能最充分利用这一系列分析，调整优势产业和公司。

例如，如果期望的东西是银行利率的上升，索罗斯就会让莫瑞斯等找出那些可能遭受损失的企业，以便在这些企业中进行卖空。索罗斯认为："在同一企业中选择股票投资时，要选两个公司，但不是任意的两个，而是选择最好的一个和最差的一个。"这是他的技巧。

其中一个必须是这个产业中最好的公司。作为企业中最杰出的代表，这个公司的股票可能被公众首选并最经常地去购买，从而把价格推上去。另一个公司必须是这一产业中最差的，它影响最大，是平衡能力最差的一层。在这个公司投资容易产生很大变化，一旦它的股票最终被投资者接受，就会产生可观的利润。

每天早晨为了准备上班，莫瑞斯都经过严密的思考，有时候在雨中，有时候在骑车上班的路途中。他设想出当天在金融市场中可能发生的情况。他把这些东西叫作"设想的框架"，并且从这些框架中作出决定：去购买什么。

在纽约，白天的商业活动结束后，索罗斯和莫瑞斯又进行认真的复盘，时常持续到傍晚。莫瑞斯说："那是非常令人兴奋的，但也非常紧张。索罗斯的长处之一是：当你对某件事作解释说明时，他对你很关注，并且能分辨出你是否理智。"

索罗斯从没中止过对他得力助手的严加盘问，好像教授在对一名博士生进行口试。"和早上相比较，你有什么不同想法吗?"

索罗斯通常这样开始，然后连珠炮地提出一连串的问题，探索并寻找莫瑞斯为什么会猜错的理由。在莫瑞斯的记忆中，复盘是最折磨人的经历："因为他总是在寻找薄弱部位，总是试图找出你的工作的失误。"

"索罗斯试图找出市场的运作与你的期望有什么不同。例如，如果我希望银行股票升值，而银行股票有一段时间在下跌，他就会说：'我们来研究研究我们的假设。研究你这样做的理由，为什么感觉到会这样变化，然后调整调整使之与市场一致。"

如果说一开始索罗斯只是偶尔到办公室扮演一位地位显赫的主人的话，那么，他渐渐地使莫瑞斯伤透了脑筋。

"因为你感觉到总是在作第二次猜测，你不得不经常忍受专家来找碴儿。我不应该说找碴儿，只不过是挑剔，经常吹毛求疵，不久之后，令人厌倦，十分乏味。"

"曾几何时，你做事情只能严格按照你对他意图的领会去做，他甚至会走过来像老师对学生那样跟你谈话。他会说'这一点你不理解，这不是我的意思'，然后，你得整个地打乱计划，因为你认为你完全领会了他的意思。"

"他很容易发脾气。他注视你的时候，仿佛他的眼睛能穿透一切，你好像站在激光枪下。他可以直接看透你。他希望你时常伴他左右，但他从不认为你会得出什么正确结论，他只不过容忍你而已，就好像你是一个小孩子。"

"他所要问你的就是你把你所相信的东西告诉他。你时常在参加考试和通过考试。他试图扼住你的咽喉，问：‘你仍然相信你昨天告诉我的东西吗?’”

索罗斯不会轻易地表扬别人。只有在投资项目成功时，他才会让你容光焕发。

“和他分享信誉简直就像是打仗。”莫瑞斯断言，“他指出：这是主要的类型，这毕竟是经济性的东西，而不是在学院里做习题。你的成功取决于美元和美分等现金，人家支付给你就赢了。”

与索罗斯共事可能会使人着迷上瘾。

对于一个像莫瑞斯这样的人，索罗斯所引导的生活是……哎，与他自己的生活方式完全不同。

莫瑞斯很喜欢回想那次索罗斯带他到爱尔兰，参加索罗斯公司董事会会议。那个地方是一个城堡，后来罗纳德·里根总统还访问过那里。

吃完晚饭，莫瑞斯尽心地倾听这些领袖人物的高谈阔论。当索罗斯轻而易举地由一种语言换成另一种语言，由英语到法语到德语，依着某一领导使用的语种而变换时，他被完全地吸引住了。

与这样一个天才共事，一个人就会有被迷惑的危险。

“他在能力知识方面都处于支配地位，如果你被吓倒了，你只知道说是，很显然，这对他没有任何好处，同样的，对你自己也没有任何好处。”莫瑞斯说。

“如果你说，我想成为一个索罗斯式的人物，我便会成为一个视野开阔的设想家，去构想伟大的思想，成为一个形象高大的经营者。我准备按照他的方式去做和行动，显而易见，他的办公室里不需要这样的人。现在他可能需要，但那个时候他不需要。如果你真正地认为他是一个商业活动中的典范，那你很快就会意识到：你没有受过这样的训练，你只不过没有受过这样的训练。”

1983 年索罗斯和莫瑞斯生意兴隆。公司现在已达到 385532688 美元，净增75410714美元。相比之下，1982年则上升了24.9%。

同年，索罗斯第二次结婚。他的新娘是28岁的苏珊·韦伯。根据报纸上的报道，索罗斯因为打网球，在婚礼上迟到了。

传媒上的其他文报道说，在婚礼上出现了十分尴尬的一幕。如果索罗斯花点时间对婚礼进行彩排，他或许避免了这一幕。

牧师问索罗斯："你是否愿意将你在世界上的所有物品赠给你的新婚妻子？"

索罗斯的脸色霎时变得苍白。这时，索罗斯一个儿子假装割喉自杀，显然，他是想给他父亲解围，可能这是半开玩笑。

"所有财产都在这里。"索罗斯很快转身望着他的私人律师威廉·扎巴尔，好像在问："如果我重复传统的誓言'无论如何，我真心地把我所有的财产赋予她'，那么，我真的要把一切东西都给苏珊吗？"

最后，扎巴尔拯救了索罗斯，他向索罗斯指出，他的回答并不给他带来什么害处。刚刚把一颗悬着心放下来，索罗斯就用匈牙利语叽叽咕咕："取消我前面对继承人的承诺。"做完这些，婚礼继续举行。

招聘拉斐尔

1983 年索罗斯收获颇丰，但是，1984 年却遭遇不幸。公司行情虽然在看涨，但仅仅只有 9.4%，资产达 4.4 亿美元。

公司的低利润使索罗斯感到了来自“量子公司”董事会成员的压力，他们要求索罗斯全力以赴地关注到投资市场。

索罗斯同意了。1984 年夏末，索罗斯告诉了莫瑞斯这一消息。

“不管你喜欢不喜欢，我是这艘船的船长，而且我看到了百年风暴即将来临。在这场世纪风暴中，你想竭尽所能来掌住舵。现在让我们面对它，在我们两人之间，还是我来掌舵。”

百年风暴准确地讲是什么呢？

本质上说来，是在 1980 年年初，里根政府实行高消费、低税收政策后，美国经济的崩溃便接踵而至。索罗斯确信，美国正在走向萧条。

莫瑞斯回忆道：

在那里，整个世界体系中都有这种压力，美元变得越来越坚挺。里根总是说：“这很好。一个国家强大的标志在于其通货的坚挺。”

但索罗斯认为这只不过是欲盖弥彰罢了。

索罗斯宣布了他准备另雇两个人的设想。对索罗斯来说，拥有四五个行家的组织是最理想的，因为深层次的规律不会掌握在只有一两个人的公司里。

至于莫瑞斯，如果他愿意，他可以留在一个比较次要的位置上经营子公司。莫瑞斯决定离职，他知道自己已被搁置一边，也不会有权力。尽管如此，他还是表示感谢。

事实上，索罗斯也没有错。日复一日，他感到了头脑中有血栓，他不能清除它们。血栓还在继续生成，而且这里的压力太大。与此同时，索罗斯要求他的10个外围分公司的经理向他推荐人选，以补充新鲜血液。于是，一个名叫阿兰·拉斐尔的人脱颖而出。

“我是他的第一个候选对象。”拉斐尔说。

从1980年至1984年，拉斐尔在爱霍德·布雷彻尔德公司掌管研究工作。20世纪60年代和70年代初，索罗斯也曾在这家公司工作。1992年12月拉斐尔又回到了布雷彻尔德公司，担任高级副总裁，全球战略主管，以及高级业务经理。

1984年8月上旬，索罗斯决定把拉斐尔挖出来。这两个人从未谋面，不过拉斐尔久闻索罗斯的大名。索罗斯的几个外围公司经理打电话给拉斐尔，告诉已向索罗斯推荐他，准备把他作为第二号人物的候选人。他从事全球经济研究这一背景，使他理所当然地成为头号选手。

“你是否有兴趣同索罗斯谈谈?”一位经理问拉斐尔。

“当然。”他回答这位经理说。根据他的回忆，当时他的反应极为迅捷。

拉斐尔认为索罗斯是华尔街地区最英明的投资家。对拉斐尔来说，这份提供给他的工作似乎是求之不得的。在这之后，索罗斯亲自打来了电话。他问拉斐尔是否愿意于下星期四在中央公园西部他的寓所共进早餐。

拉斐尔毫不迟疑地回答说愿意。来吃早餐的时候，拉斐尔确信他得到这一份工作的概率只有百万分之一。他相信另有75个候选人正在剑拔弩张。候选过程可能要延续到来年，而这一次他就要落选了。

几分钟过去了，拉斐尔觉得这顿早餐毫无意义。然后，两个人从桌旁起身，拉斐尔认为这是向索罗斯推销自己的最好时机。

“对于你来说，了解我能做什么和不能做什么，这是很重要的。”他说着，希望自己不要锋芒毕露。他不知道索罗斯是否在听他的话。

“好了，”索罗斯简要地回答，“其他的事情由我来做，我们会成为一对好搭档。”

拉斐尔被挡了回去。“我想会是如此。”他用一种微弱的声音回答，他也只能这样回答。

索罗斯微笑了一下，然后用一种摊牌的态度说：“这个周末你再考虑考虑。下星期一或星期四我们再见面。给我打电话。你再过来吃早餐。”

出了门走上街道，拉斐尔开始仔细品味早餐上的最后几分钟。他叫了一辆出租汽车坐了进去，然后咧嘴一笑。或许自己在做梦。确信出租车司机没有注意自己，拉斐尔用手拧了一下自己。他知道这不是梦境。

他很可能作为公司的第二号人物和索罗斯共事。

几年以后，拉斐尔说，由于某些方面的原因，他很难理解，为什么当时他没有马上接受这份工作。

很多人对拉斐尔说过索罗斯是个很尖刻的家伙，很喜欢攻击别人。但拉斐尔决定容忍，他认为能与索罗斯一同工作对他来说是一个难得的机会。他走向电话机，接受了这份工作。

1984 年 9 月初，拉斐尔与索罗斯签字就聘。

不可多得的消遣

1984年年底，索罗斯在公司的地位上升。或许他虽想尽可能地把量子公司的指挥棒交给别人，但他仍然不想完全退下来。他仍然相信一场风暴将会危及世界经济。

他虽然不能猜测它的性质或者它在什么时间到来，但是，当这场风暴到来之时，他希望能身临其境，乘风破浪去征服它利用它。与此同时，他密切地关注着公司的活动，更多的时间他是在办公室里度过的，以确保1984年和1985年生意兴隆。

1984年12月，他把注意力转向英国，当时英国正流行数量巨大的适合个人购买的股票。不列颠电信公司、不列颠煤气公司和美洲虎公司三者都出现了问题。

索罗斯知道，这是英国首相玛格丽特·撒切尔希望每位英国公民都持有不列颠股份公司的股票的结果。怎么来实现这一目标呢？那就是降低证券价格。

索罗斯要求拉斐尔去看看美洲虎和不列颠电信公司。拉斐尔对美洲虎公司进行研究后告诉索罗斯，美洲虎公司的总裁约翰·艾根先生工作非常优秀，正使美洲虎转向在美国进口汽车业务上。

现在它的股价为160便士，量子公司拥有它将近4.49亿美元业务量的5%，大约2000万美元。对于别人来说，这已是较大的股份了，可是，对索罗斯来说就并非如此。

拉斐尔见到索罗斯说："我已经对美洲虎做了研究。"

"你的意思怎样？"

"我打心眼里喜欢美洲虎的经营方式，我想，我们拥有这么多股份，我肯定不会出乱子的。”

使拉斐尔惊奇的是，索罗斯拿起电话指示他的经纪人：“给我再买25万份美洲虎的股票。”

拉斐尔不想破坏索罗斯的心境，但他仍然觉得这是他的义务，说出自己的保留意见。

“请原谅，可能我没有表达清楚。”

对拉斐尔来说，它意味着：我们已经做到这种程度很不错。我们不要再做更多的事情，除非我们看到了结果；而对索罗斯来说，它意味着：既然你喜欢目前的形势，为什么不跟着感觉走，并把你的所有资产投入进去呢？

索罗斯把他琢磨出来的道理告诉他的助手：“听着，阿兰，你告诉我这家公司转产工作十分出色，这是他们获得源源不断的现金和股份利息的基础。你想想股票利息上涨。国际投资者就会对它发生兴趣，股票马上就会升值。”

对索罗斯来说，在这种形势下，他可以运用他的反馈理论。他感觉到股票价格即将上升，投资者不久就会发生狂乱，进一步驱使股价上扬。

拉斐尔从索罗斯的话中找不出可以争论的东西。

“是的，”他同意，“股价毫无疑问会上涨。”

“多买一些。”

拉斐尔嘴上说是，但他怀疑索罗斯是否真正知道自己在做什么。

“既然股票上涨，”索罗斯继续说，“那么你该多买一些。你不必在意你的业务量部分占了它多大比例。如果你认为对，那你就去做。”

索罗斯微微一笑然后开口，表明他对这个问题的争论不感兴趣。“下一个。”

索罗斯很自信，他认为美洲虎和不列颠电信公司肯定保险。他知道和这些平衡股相比有更多的东西在发挥作用。实际上，真正在起作用的东西是唯一的，极为关键的现实：玛格丽特·撒切尔想让英国的股票降价。

拉斐尔在轻轻地发抖，他担心索罗斯会拿股票下赌注。

其实，他用不着担心。在美洲虎公司里量子公司的盈利是2500万美元。

套头交易概念的部分含义索罗斯把它定义为卖空。在20世纪80年代中期，索罗斯进行的最大卖空交易是西部联盟公司。

那是1985年。当时，传真机在美国已经很普遍。西部联盟公司的股票，早几年就已经很高了，当时价格在一二十美元之间。

索罗斯和他的助手特别注意到，这个公司仍然有大量的用户直通电报装置，跌价补偿它的平衡股。因为这种装置是陈旧的机电型的而不是什么高新技术，因此，在市场上几乎没有什么价值。西部联盟公司也还有不少债务。

索罗斯怀疑这家公司能否抵债或偿还优先股，说："我们所想的就是，西部联盟公司淘汰了西部小马快递邮政制度，传真机也会淘汰西部联盟公司。"

许多长时间做资产评估的分析家们在对西部联盟公司资产评估时，没有考虑到资产的价值比西部联盟公司申报的要少得多。当然，索罗斯看到了这一点，他卖空了100万股。从这笔交易中，拉斐尔说索罗斯获利高达百万。

一夜赚了四千万

至1985年，索罗斯仍然担心美国经济会走向崩溃。

8月，他认为"帝国循环"处于信用膨胀的最后一环，是为了刺激美国经济和补偿军事膨胀，缓解办法即将出现。

对索罗斯来说，幸运的是他能够及时地意识到机会并且利用机会。当美国政府和其他经济巨头意识到证券市场已经变成一个危及他们利益的怪物时，缓解的办法就会出现。

安索尼·萨普森在《与大富豪的接触》一文中提到了这一点，他写道：

> 还在20世纪60年代，全球性减少市场限制主张的热衷者，期望世界性证券市场逐渐地有理性地调整彼此间利益对立的情况，因为，除非他们在有些地方达到利益平衡，否则，各国就会出口量减少并且经济贬值。美元、日元或者英镑应该精确地反映各国经济状况。

1971年，尼克松总统割断了美元与黄金的联系，货币开始自由地浮动，货币的相互流通有了新的比价。汇率似乎不再与出口挂钩。至1980年年末，美元对日元在同一天可能会有4%的变化。

起初，索罗斯在所有的证券交易中运气不佳，在20世纪80年代初损失惨重。80年代中期，他认清了形势，重新树立了信心。

他知道，美元以及它与日元和西德马克的关系，在证券世界可能会产生巨大的变化，因此，他密切地关注着。80年代初，美元的价值蹒跚摇摆，使得依赖于稳定美元的世界担忧和吃惊。

20世纪80年代初，里根政府实行美元坚挺政策，希望通过允许廉价进口和吸引外资来平衡贸易逆差，抑制通货膨胀。

终于，里根转向降低税收，同时，增加国防投入，美元和股票市场开始走向繁荣。外资引入美国，使美元和资本市场升值。经济的进一步发展吸引了更大量的外资，这都推动了美元的升值，索罗斯再一次把它称之为“里根帝国的循环”。

正如索罗斯所料，至1985年，美国的贸易逆差以惊人的速度上升，而美国的出口由于美元升值很高而遇到了极大的障碍。美国的国内企业由于日本低廉产品倾销，危机四伏。

索罗斯注意到这些情况，认定这是典型的繁荣—萧条序列的第一个阶段。

与此同时，其他的分析家正在兜售轮流股。当然不是索罗斯。与此相反，索罗斯转向接收股和国债利息，两者都在跌价。

例如，量子公司在首都公司接管美国之音电视网时，购买了美国之音电视网60万股的股份。3月的一个下午，首都公司宣布以每股118美元的价格收购美国之音电视网的股票，按这个底价量子公司可赚1800万美元。

此后不久，索罗斯打电话给正在处理这方面事务的拉斐尔。“这非常好,”索罗斯说，“不过，现在我们应该怎么做呢?”

在多年以后谈起这件事的时候，拉斐尔模仿索罗斯的匈牙利语调重复了这句话。

拉斐尔非常明了，索罗斯并不是真的要问他这个问题，而是想考验他。索罗斯似乎是要说：“我非常高兴，但是，不要被冲昏了头脑。”

拉斐尔说：“我们再买一些首都公司的股票。”

索罗斯没有赞同也没有反对，从索罗斯的沉默中，拉斐尔知道自己在这场测试中得了满分。

索罗斯相信里根对美元的政策最终会导致经济的萧条，这位总统先生似乎对保持美元坚挺具有充足理由，但是，索罗斯更有理由使美元下跌。

在 20 世纪 80 年代初，短期信贷利率上升至 19%。黄金达到了每盎司 900 美元。膨胀还在以 20% 的水平上扬。1 美元高涨到可以兑换 240 日元、3.25 西德马克。

对于索罗斯来说，现在终于可以看得很清楚了，随着石油输出国组织的解体，原油价格开始下跌。这将给美国增加要求降低美元价值的压力。原油后来达到了每桶 40 美元，而目标是要上升到每桶 80 美元。石油输出国组织的解体缓解了世界范围内的通货膨胀。

通货膨胀的缓解，相应地使信贷利率下降。这些变化的结果，使美元大大贬值。

拉斐尔对索罗斯作了说明："显然，要采取的措施就是卖空原油，使处于劣势的美国信贷率曲线和行情看涨的日本信贷率曲线上升，因为日本依赖于进口石油。另外，美元对日元和西德马克的比价下跌。因为商品、固定收入和流通市场在规模和数量上要比证券市场大得多，投资者和投机者在相对短时间内可以采取许多手段。也因为证券的需求范围相对小一些，许多策略也可以实施。因此，公司虽然只有 4 亿美元，但对公司的影响作用是十分巨大的。"

从 1985 年 8 月开始，索罗斯坚持写投资日记。

它记录了索罗斯试图回答帝国循环能持续多长时间这一问题，同时，这也可作为投资决定的背景，他称之为"当下的经验"。

他把日记作为测试自己预言证券市场的变化能力的依据和作为检验自己的理论的机会。由于有日记，从 1985 年 8 月至 1986 年 11 月，索罗斯的观点和投资战略就有了详细的记载，并收入在索罗斯 1987 年写的《点石成金》一书。

对索罗斯的一次大测试是在1985年9月。

这一年9月6日，他预言马克和日元将会升值。但是，那时它们正在贬值。他开始怀疑“帝国的循环”这一理论。他拥有大量的这两种通货，总量达7亿美元，这个数字比整个量子公司的价值还多。

虽然他受了一些损失，但他仍然自信，事实可能会证明他是正确的。因此，他又增加了对马克和日元这两种通货的数量，差不多8亿美元，这比量子公司的价值还多2亿美元。

至1985年9月22日，索罗斯的设想开始变成现实。美国财政部的新任部长詹姆士·贝克，认为美元必须贬值，因为美国开始要求保护自己的工业。贝克和法国、西德、日本和英国的几个财政部长，也就是所谓的“五国集团”，在纽约市的普拉扎宾馆碰头商讨。

索罗斯知道了这次会议，并且很快意识到这些财政部长打算做什么。索罗斯通宵达旦地工作，又买了数百万美元。

部长们果然是准备让美元下跌，签订了所谓的《普拉扎协议》，提出了通过“更密切的配合”、“有关非美元通货升值的命令”。这就意味着现在中央银行被迫使美元贬值。

这份协议公布后的第一天，美元兑日元从1:239下降至222.5，即下降了4.3%。这是历史上下降最大的一天。使索罗斯高兴的是，他一夜之间赚了4000万美元。

那天早上拉斐尔见到索罗斯就说：“高招，乔治，我真佩服。”索罗斯继续购买日元。

在1985年9月28日的日记中，索罗斯把《普拉扎协议》签订时的突然而敏捷的行动称之为：“一生中的一次消遣，最后那一个星期的利润比最近4年金融贸易损失的总和还要多……”

《普拉扎协议》投资使量子公司在国内树立了形象。1988年开始为索罗斯工作的米勒回忆说，在1985年秋，普拉扎会议召开之前，索罗斯大量购买日元，其他贸易者都争相效仿。

星期一的那天早晨，当日元开价高达800点时，那些贸易者开始盈利，如此迅速地赚了这么多钱，使他们欣喜若狂。然而，索罗斯却正注视更大的画面。

索罗斯走出门来，指示其他贸易者停止卖出日元，告诉他们他可以负责他们的股票。政府已告诉他下一年美元将会下跌，所以，他为什么不贪心而多买一些日元呢？

接下来的6个星期，中央银行继续促使美元下跌。10月底，美元下跌13%，兑换205日元。至1986年9月，下降至兑换153日元。外币兑美元平均升值24%—28%。

总计起来，索罗斯这一盘下了15亿美元的赌注，大部分押在马克和日元上。实践证明这一步棋十分高明，他赚了大约1.5亿美元。

很显然，这种影响已经确立。所以，索罗斯并不担心。他有些忍俊不禁，他不断地赚钱。

11月的第一个星期，公司已发展至8.5亿美元，而且索罗斯持有价值15亿美元的日元和马克，几乎可以使公司的价值翻一番。

在日记中，他写道：

现在我之所以愿意更多地在公众场所曝光，是因为再一次逆转的机会已经很少了。我建立起来的关于汇率自由浮动的规则之一是，短时期内的反复无常是处于转折点的根本标志，下降的趋势就开始出现。

索罗斯卖空了价值8700万美元的英镑和价值超过2亿美元的石油股，购买了10亿美元的股票和期货，以及将近15亿美元的公债。总计起来，他拥有将近40亿美元的各种类型的市场证券。

“短时期内的反复无常的变化，是处于转折点的根本标志，下降的趋势就开始确立。”这一准确的判断，表现了索罗斯的智慧和自信心。

在 1985 年 12 月 8 日的日记中，他写道：

我对公司事态的发展和以前一样，有如此强的自信心，现实中发生的事情都只是我的假设的见证。

1984 年 8 月就担心的经济倒退即将出现，索罗斯现在感到更为自信。政府成功使美元贬值后，股票和公债市场行情看涨。股市的极度繁荣似乎已经可能。

他把这个时期称之为“资本主义的黄金时代”，而且，把它作为“一生难逢的上涨行情”。

得到巨大发展

1985 年对索罗斯来说，是极不寻常的一年。与 1984 年相比，量子公司资产惊人地上升了 223.4%，由 1984 年年底的 4.489 亿美元上升到 1985 年的 10.03 亿美元。

索罗斯的总体成就是非常惊人的。

对于他来说，1969 年他的公司里 1 美元的投资到 1985 年年底价值 164 美元，并且除去薪水花销。

索罗斯自豪地对新闻记者解释说：“在同一时期内，按标准普尔 500 指数计算，同样 1 美元的投资仅仅上升到 4.57 美元。”

索罗斯不愿告诉多福公司他拥有公司的多少股份，也不愿承认公司是否包含了他大部分的个人资产。

不过，根据多福公司的消息渠道，猜想索罗斯拥有公司的 15%—30%。量子公司 1985 的利润是 5.48 亿美元，索罗斯可能盈利在 8300 万美元至 1.6 亿美元之间。

当《纽约杂志》要求索罗斯对这些数字发表评论时，索罗斯反驳说：“计算方式错误，方法不对。”

吃完早餐，在可以俯瞰中央公园的第五街公寓里，面对多福公司的咨询索罗斯解释说，在1985年他之所以运作得如此漂亮，有3个原因：第一是在西德马克和日元中赚了一大笔；第二是他大量抛售公债，如长期的国库券；第三是外国股票的巨额利润。

索罗斯在美国股票市场的运作却没有这么漂亮。

“我不特别擅长运作接收股。”他自己也承认。20世纪80年代中期他对迪士尼公司断断续续的投资似乎证实了他的观点。最终他胜利了，但是，走过的道路却不平坦。

1984年，量子公子是迪士尼公司除了迪士尼家族之外的最大股份的持有者。这种股票的吸引力似乎越来越大，因为几次对这家大的娱乐公司的接管都失败了。当收购大师索尔·斯特恩伯格注意到迪士尼公司时，很少有人会相信迪士尼公司竟然同意接管。

同样的，极少有人会相信迪士尼公司会同意给斯特恩柏格的绿邮公司。然而，这些都确确实实发生了。当迪士尼股票被绿邮削弱，陷入每股20美元时，索罗斯，还有其他人，都损失了一大笔钱。

莫瑞斯对拉斐尔敏感地觉察迪士尼公司的趋势很是信服，说：“拉斐尔很快就知道了发生的事情，我们把迪士尼看作一个降低了价值的资金基地，由于各种原因，它将会具有货币的性质。他把它看作一个富裕的、可以发展的资金基地，是可以走出困境的。”

因此，量子公司赚了50%的利润。

1985年，是索罗斯非常荣耀的一年。《金融世界》在排名华尔街地区收入最高的前百名人物时，索罗斯排在第二位。

按照这家杂志的说法，索罗斯在量子公司个人股本的利润是6600万美元，还有1750万美元的薪水和1000万美元公司客户给他的奖金。这一年，他赚了9350万美元。

至1986年1月初，索罗斯极大地改变了业务状况。因为美国股市行情看涨，他抛售了价值5亿美元的外汇，增加了美国股票和股票指效期货数量，并且提高了国外股票的股份，美国和国外股票总体价值为 20 亿美元。

2 月，他把股票减少到 12 亿美元。

3 月，他对股票涨势感觉良好。石油股的下跌使他对自己的判断更为自信。因而，他把美国和国外股票价值提高到 18 亿美元，使 1 月初公司的纯资产价值由 9.42 亿元提高至 13 亿美元。

4 月 4 日，索罗斯减少了价值 8.31 亿美元的股份。10 天之后，他又买回了价值 7.0 亿美元的股份。

5 月，他主要以指数期货的形式卖出 6.87 亿美元。

索罗斯所有股份的 40% 和外国股份的 2/3 投资在芬兰市场，日本铁路和不动产股份及香港不动产股份。

1986 年 7 月，股市上出现了两种复杂现象：出现了相对立的趋势，股市行情看涨而石油价格下跌。石油价格下跌可能使通货收缩，从而导致经济衰退。

9 月，索罗斯以某种程度上是告别的语气在日记中写道："最好还是宣布：我称之为'资本主义黄金时代'的阶段已经完结，它标志着下一个阶段已经开始。"

索罗斯在当时的运作的确非常成功，他使量子公司有了巨大的发展，从 1985 年的 4.49 亿美元起步，至 1986 年年底发展到 15 亿美元。然而，随着时间的流逝，他发现经验也还是有问题的。在日记中写得越多，他越发感到需要调整自己，才能更好地作出某一投资决策。他开始注意到经验已经成为一种负担。

遭遇重大挫折

索罗斯不是那种固守传统的人，他有自己独特的一套市场理论。他认为，金融市场动荡无序，股票市场的运作基础不是逻辑，而是人们心理。

跑赢市场的关键在于如何把握这种群体心理。索罗斯在预测市场走向时，比较善于发现相关市场的相互联系，这使得他能准确地判断，一旦某一市场发生波动，其他相关市场将会发生怎样的连锁反应，以便更好地在多个市场同时获利。

索罗斯在金融市场上能够获得巨额利润除了依赖于他独特的市场理论外，还在于他超人的胆略。

因为索罗斯认为一个投资者所能犯的最大错误并不是过于大胆鲁莽，而是过于小心谨慎。

虽然有一些投资者也能准确地预期市场走向，但由于他们总是担心一旦行情发生逆转将遭受损失，所以不敢有大的作为。当市场行情一直持续看好，才又后悔自己当初过于谨慎，坐失赚钱良机。

索罗斯一旦根据有关信息对市场作出了预测，就对自己的预测非常自信，当他确信他的投资决策无可指责，他就果敢行事。

当然这需要有超人的胆略和勇气，否则，他将无法承受由此带来的巨大压力。

但是，上帝并非一直青睐索罗斯，在 1987 年索罗斯遭遇了他的“滑铁卢”。

1987 年 9 月，索罗斯唯一一次例外是接受《幸福》杂志的采访，没想到却造成了严重的后果。杂志封面标题为“股价太高了吗？索罗斯预言美国股市将不能出现逆转，日本市场也同样如此。”

此后不久，华尔街股市暴跌。

索罗斯为了达到一些目标，他不可能完全地保持隐秘状态。他只是希望那些愤世嫉俗的人把他视作一个严肃的思想家——他似乎是在和自己进行一场拔河比赛。

从投资的角度来看，要把自己拉向隐秘；但从慈善事业方面来看，他需要把自己公开化。

下面的这段话，是对索罗斯这种拉伸力最形象的刻画：

> 自我暴露是极具破坏性的，但是，我性格当中的一个缺点，这一点我还没有完全看透，就是急于自我暴露。

他的反馈理论使他站到了投资市场的最上层，他在 1987 年准备让公众更好地了解自己。

他运用了最强有力的资源，即他的思想。因为他确信：在世界思想中为自己找到位置的时机已经成熟。

他想出版一本书，对人类的思想作点贡献。但他知道他必须把自己的思想向公众表达得更清楚。“人们没有完全理解我，”他有一次说道，“因为我还不善于表达这些复杂的思想，而且这些思想是那么的复杂。”

根据索罗斯金融市场的盛衰理论，繁荣期过后必存在一个衰退期。

他通过有关渠道得知，在日本证券市场上有许多日本公司，尤其是银行和保险公司，大量购买其他日本公司的股票。

有些公司为了入市炒作股票，甚至通过发行债券的方式进行融资。有些日本股票在出售时市盈率已高达 48.5 倍，而投资者的狂热还在不断地升温。

因此，索罗斯认为日本证券市场即将走向崩溃。

但索罗斯却比较看好美国证券市场，因为美国证券市场上的股票在出售时的市盈率仅为19.7倍，与日本相比低得多，美国证券市场上的股票价格还处于合理的范围内，即使日本证券市场崩溃，美国证券市场也不会被过多波及。

1987年9月，索罗斯把几十亿美元的投资从东京转移到了华尔街。然而这次，他的判断失误了。

首先出现大崩溃的不是日本证券市场，而恰恰是美国的华尔街。

1987年10月19日，美国纽约道·琼斯平均指数跌508.5点，创当时历史纪录。在接下来的几星期里，纽约股市一路下滑。而日本股市却相对坚挺。

索罗斯决定抛售手中所持有的几个大的长期股票份额。

其他的交易商捕捉到有关消息后，借机向下砸被抛售的股票，使期货的现金折扣降了20%。

5000个合同的折扣就达2.5亿美元。经此一役，索罗斯在一天之内就损失了2亿多美元。

据报载，索罗斯在这场华尔街大崩溃中，损失大约6.5亿美元至8亿美元。这场大崩溃使量子基金净资产跌落26.2%，远大于17%的美国股市的跌幅，索罗斯成了这场灾难的最大受害者，也是最大失败者。

“活下来，一切好谈!”无论怎样说，这一次输了，并且输得很惨。但是，这没什么，大不了从头再来。

索罗斯在《金融炼金术》的导论中说：如果我必须就我的实务技巧做个总评，我会选择一个字：存活。

索罗斯毕竟不是一般的人，他当时并没有沉迷于自己的判断，立即如数出场。

索罗斯的原则是：先求生存，在求致富，安全第一。

所以虽然这次的投资失败，但全年的基金表现仍有14%的盈余，也为他留下日后大战的筹码，也才有日后“让英格兰银行破产者”的封号。

面对有史以来最大的挫败，索罗斯挺了过来。索罗斯虽然痛恨赔钱，但他却能够忍受痛苦。对于其他人而言，犯错是耻辱的来源。

而对他来说，认识到错误则是一件可以引以为自豪的事情。

因为在索罗斯看来，对于事物的认识缺陷是人类与生俱来的伴侣，他不会因为错误百出而倍感伤心丢脸，他随时准备去纠正自己的错误，以免在曾经跌倒过的地方再度绊倒。

他在金融市场上从不感情用事，因为他明白理智的投资者应该是心平气和的，不能求全责备。

正如他经常所说的：“如果你的表现不尽如人意，首先要采取的方法是以退为进，而不要铤而走险。而且当你重新开始时，不妨从小处做起。”

当你决策失误、造成巨大损失时，自责是毫无意义的，重要的是勇于承认自己的错误，及时从市场中撤出，尽可能减小损失。只有保存了竞争的实力，你才能够卷土重来。

索罗斯具有比别人能更敏锐地意识到错误的才能。

当他发现他的预期设想与实际运作有出入时，他不会待在原地坐以待毙，也不会对于那些该死的出入视而不见，他会进行一次歇斯底里的盘查以期发现错误所在。一旦他发现错误，他会修正自己的看法以图东山再起。

正是因为索罗斯的这一宝贵品质，他才始终能够在动荡的市场中保存实力。

一个投资者之所以被称为“伟大的投资者”，关键不在于他是否永远是市场上的大赢家，而在于他是否有承认失败的勇气，能否从每一次的失败中站起来，并且变得更加强大。

索罗斯恰恰具备了作为一个“伟大投资者”的素质。

这也就是为什么索罗斯在经历了 1987 年 10 月的惨败之后，却仍能使量子基金 1987 年的增长率达到 14.1%，总额达到 18 亿美元的原因之一。

纵横金融市场

金融市场是不属于道德范畴的，在这里道德根本不存在，因为它有自己的游戏规则。我是金融市场的参与者，我会按照自己定的规则来玩这个游戏，我不会违反这些规则，所以我不觉得内疚或需要负责任。

——索罗斯

摧毁英格兰银行

1992年9月16日，美国东部时间早上7时，一个电话叫醒了睡梦中的索罗斯："索罗斯先生，你刚才赚了9.58亿美元。"

就在索罗斯沉浸在宁静的睡梦时，大洋彼岸的英国却像是炸开了锅。下午16时，英格兰银行的官员透露：英镑将中止与货币汇率机制的联系。

其后，英镑对马克的比价下降了2.7%；纽约市场，一英镑兑换2.703马克，这大大低于汇率机制的最低限额。

晚上19时，英国财政大臣宣布："大量的金融事件接连不断地发生，使汇率机制失去了作用，政府认为只有中止作为汇率机制成员的资格，英国的最高利益才能得以维护。"

这也就意味着，英镑被迫退出欧洲汇率体系。

英镑在200年来一直是世界的主要货币，在世界金融市场占据了极为重要的地位。英镑原来采取金本位制，与黄金挂钩，只因第一次世界大战以及1929年的股市大崩溃，才迫使英国政府放弃了金本位制而采取浮动制，英镑在世界市场的地位开始不断下降。

而英格兰银行作为保障市场稳定的重要机构，是英国金融体制的强大支柱，具有极为丰富的市场经验和强大的实力。从未有人胆敢对抗这一国家的金融体制，甚至想都未敢想过。

索罗斯可不管这些，他决定要做一件前人所未做过的事，"摇撼"一下大不列颠这棵坚挺的大树，试一试它到底有多么强大的力量。

1990年，英国加入西欧国家创立的新货币体系——欧洲汇率体系，索罗斯就认为英国犯了一个致命性错误。

因为欧洲汇率体系将使西欧各国的货币不再盯住黄金或美元，而是相互盯住；每一种货币只允许在一定的汇率范围内浮动，一旦超出了规定的汇率浮动范围，各成员国的中央银行就有责任通过买卖本国货币进行市场干预，使该国货币汇率稳定到规定的范围之内。

在规定的汇率浮动范围内，成员国的货币可以相对于其他成员国的货币进行浮动。

而以德国马克为核心，早在英国加入欧洲汇率体系之前，英镑与德国马克的汇率已稳定在 1 英镑兑换 2.95 马克的汇率水平。但英国当时经济衰退，以维持如此高的汇率作为条件加入欧洲汇率体系，对英国来说，其代价是极其昂贵的。

一方面，将导致英国对德国的依赖，不能为解决自己的经济问题而大胆行事，比如何时提高或降低利率、为保护本国经济利益而促使本国货币贬值；另一方面，英国中央银行是否有足够的能力维持其高汇率也值得怀疑。

特别是在 1992 年 2 月 7 日，欧盟成员国签订了《马斯特里赫特条约》。这一条约使一些欧洲货币如英镑、意大利里拉等显然被高估了，这些国家的中央很行将面临巨大的降息或贬值压力。

早在《马斯特里赫特条约》签订之时，索罗斯已预见到欧洲汇率体系将会由于各国的经济实力及各自的国家利益而很难保持协调一致。一旦构成欧洲汇率体系的一些“链条”出现松动，像他这样的投机者便去乘虚而入，直至整个机制被摧毁。

市场洞察力决定了一切。索罗斯的天才就在于比别人更快地预见到未来的发展趋势。

果然，在《马斯特里赫特条约》签订不到一年的时间里，一些欧洲国家便很难协调各自的经营政策。当英国经济长期不景气，正陷入重重困难的情况下，英国不可能维持高利率的政策，要想刺激本国经济发展，唯一可行的方法就是降低利率。

但假如德国的利率不下调，英国单方面下调利率，将会削弱英镑，迫使英国退出欧洲汇率体系。虽然英国首相梅杰一再申明英国将信守它在欧洲汇率体系下继续英镑价值的政策。

此时，索罗斯及其他一些投机者在过去的几个月里，不断扩大银根的规模：他们正为狙击英镑做准备。

随着时间的推移，英国政府维持高利率的经济政策受到越来越大的压力，它请求德国联邦银行降低利率，但德国联邦银行却担心降息会导致国内的通货膨胀还有可能引发经济崩溃，拒绝了英国降息的请求。

要不要把战争继续打下去呢？

索罗斯犹如华尔街上的一只金钱豹，行动极其敏捷，善于捕捉投资良机。一旦时机成熟，他将有备而战，反应神速。

此时，英镑对马克的比价在不断地下跌：从1∶2.95跌至1∶2.85，又从1∶2.85跌至1∶2.7964。

防患于未然！英国政府为了防止投机者使英镑对马克的比价低于欧洲汇率体系中所规定的下限2.7780，下令英格兰银行购入33亿英镑来干预市场。

对于一般的金融投机家来说，这时或许应该收手了。

但政府的干预并未产生好的预期，这使得索罗斯更加坚信自己以前的判断，他决定在危机凸显时出击。对于准备了3年之久、精密部署的索罗斯来说，这时的进攻才刚刚拉开战斗的序幕。

1992年9月，投资者开始进攻欧洲汇率体系中那些疲软的货币，其中包括英镑、意大利里拉等。索罗斯及一些长期进行套汇经营的共同基金和跨国公司在市场上抛售疲软的欧洲货币，使得这些国家的中央银行不得不斥巨资来支持各自的货币价值。

英国政府计划从国际银行组织借贷万亿英镑，用来阻止英镑继续贬值，但这犹如杯水车薪。仅索罗斯一人在这场与英国政府的较量中就动用了100亿美元。

索罗斯在这场天量级的豪赌中抛售了70亿美元的英镑，购入60亿美元坚挺的马克，同时，索罗斯考虑到一个国家货币的浮动通常会导致该国股市的变动，便又购入价值5亿美元的英国股票，并卖掉巨额的德国股票。

如果只是索罗斯一个人与英国政府较量，英国政府也许还有一丝希望，但世界许多投机者和索罗斯的追随者集体参与，使这场较量的双方力量悬殊，注定了英国政府的失败。

索罗斯是这场“赌局”中最大的赌家，其他人在作出亿万资金的投资决策时也许心脏会狂跳不已，寝食难安，但这从来不是索罗斯的风格，他在进行高风险、大手笔的决策时，凭借的是他超人的胆略和钢铁一般的意志，他能泰然处之，好像置身于事外。

下完赌注，索罗斯蓄势待发。

9月中旬，危机终于爆发。市场上到处流传着意大利里拉即将贬值的谣言，里拉的抛盘大量涌出。

9月13日，意大利里拉贬值7%，虽然仍在欧洲汇率体系限定的浮动范围内，但情况看起来却很悲观。这使索罗斯有充足的理由相信欧洲汇率体系的一些成员国最终将不会允许欧洲汇率体系来决定本国货币的价值，这些国家退出欧洲汇率体系是迟早的事了。

9月15日，索罗斯决定大量放空英镑。英镑对马克的比价一路下跌。到傍晚收市时，英镑对马克的比价差不多已跌至欧洲汇率体系规定的下限。英镑已处于退出欧洲汇率体系的边缘。

英国首相梅杰原计划到西班牙访问，但为了处理欧洲货币汇率机制危机问题而不得不予以取消。

英格兰银行仍自信它能赶走像索罗斯这样的投机商。午餐前，交易商们开始注意到了里拉的下跌。于是，他们开始疯狂地进行英镑交易。

至星期二下午。英镑与马克的比价下跌为1∶2.80，傍晚有消息说英格兰银行又购入30亿英镑，但英镑比价居然毫无反应。

星期二晚间，在伦敦，英镑对马克的比价只是比汇率机制中所确定的最低线1英镑对换2.778马克，这是英国加入汇率机制以来的最低价。

白金汉宫也开始注意到这一问题。除非英国政府采取紧急措施，否则英镑将继续贬值。

当一个国家的货币受到投机商的发难时，金融部门有几项对他们来说是行之有效的措施。一是干预市场交易，购入本国货币。如果这一措施无效，另一防范措施则是提高利率，这是假定高利率将吸收货币以支持本国货币并使之稳定的。

英国政府被迫提高利率，而这无疑将使经济更加衰退。

如果英国能成功地劝说德国遵从，那么将减轻英国受到的压力，有可能使英国度过以后几天而不至于使其金融混乱，但德国拒绝了。

之后，英格兰银行的高级官员与财政部在处理英镑危机方面的职责不再分明了，他们一起坐在两盏明亮的吊灯下的橡木桌子边共同制订着第二天的计划。他们计划从第二天一开始，英格兰银行大规模干预货币市场，购入英镑，如果需要，利率可以急剧提高。

投机商们认识到了英国财政部与德国联邦银行之间的争吵，他们预测英国将第一个感到担忧。政府最可能采取的步骤是提升利率。于是，他们开始大规模地投机英镑。

到了晚上20时，在财政部召开的会议结束了，当官员们走出会场时，他们最大的担忧是他们的决定是否真正有效。事情变化对于他们来说太快了。

星期二晚、星期三早晨。在绝境中，美国联邦储备银行和日本的中央银行站到了英国一边。

在大洋的另一边，索罗斯正坐在位于曼哈顿一座大厦的第38层自己的办公室里，眺望中央公园。

他的信心在增强，英国不久将退出汇率机制。

“这明显是一种赌博，是一种只赚不赔的赌博。”他说，“在最坏的情况下，我以相同的利息偿还我的贷款，那我顶多损失4个百分点，这种风险太小了。”

他看着这种结果临近，他感到不可避免，现在他一点也不怀疑他将收获巨大的利润。在索罗斯的第五大街公寓里，晚饭后，他上床休息了。虽然他投入了100亿美元的赌注，这可能是他历史上最大的一次赌注，但他一点也不担忧，他开始入睡。

1992年9月16日，英镑退出欧洲汇率体系，英国人把这个日子称为“黑色星期三”。

星期三，上午7时30分。

在伦敦的斯瑞尼德大街，8个负责处理外汇交易的人员聚集在英格兰银行的办公室里，把各自的计算机放在一起，开始购入英镑，他们输入命令分三部分购入，共花费20亿美元。

但结果失败了，几百家英国公司和拥有英镑的股票、债券的养老基金、保险公司急切地抛售手中的股票、债券。

郁闷的空气笼罩着英国金融界。

星期三上午，8时30分。

英国财政部处理危机小组成员聚集在部长莱蒙的办公室，每个人脸色都阴沉着。莱蒙刚给英格兰银行市场部副主任和首相通了电话。挂断电话后，莱蒙下令动用外汇储备进一步干预。

记者们已出现在财政部主要入口处。

星期三，上午9时。

首相梅杰坐上他的防弹车，用了两分钟时间离开白金汉宫来到老海军部大楼，这是他的临时住宅，因为唐宁街10号正在修缮。在老海军部大楼，他要与政府官员开一个会，具有讽刺意味的是，会议主题竟是《马斯特里赫特条约》。

当即将来临的金融灾难的消息传入会议室时，与会人员感到他们成了事实上的战时内阁。

星期三，上午10时30分。

莱蒙放下电话声称英国金融界人人自危。梅杰离开会议室来到电话机房，在那里他听着莱蒙向他描述英镑是如何继续下跌的。德国利率仍固定在原处，德国人见死不救，用任何代价也要防止贬值，关键时刻即使是政府信誉也在所不惜，莱蒙请求首相同意把利率提高两个百分点。

梅杰点了点头。

星期三，上午11时。

宣布发表了，利率提高了。莱蒙声称："这是因为货币压力和不稳定情况正在减弱。"

他希望利率下降，但很少有人相信这种情况会很快发生。

尽管莱蒙宣布利率提高，但不幸的是英镑比价并没稳定。金融官员们看到政府的干预无力回天。

梅杰也改变了他早先拒绝重开国会的立场，他要求议员们重新聚集以讨论货币汇率机制危机以及英国经济问题。国会被要求于9月29日开会。这一行动是异乎寻常的。自第二次世界大战后，英国国会只有10次是被要求开会的。

星期三，中午12时。

英格兰银行又进一步干预，但太迟了。在决定命运的星期三，英格兰银行花费了价值55亿英镑的外汇储备购入英镑以支持英国的货币，但仍毫无作用。

星期三下午早些时候。

处理危机小组成员围着财政大臣谈了一些令人毛骨悚然的念头。

星期三，下午13时30分。

该是美国市场运作的时间了，英镑被抛售。一名商人说："好比水流出龙头一样，这极正常。"

星期三，下午14时15分。

英格兰银行进行了又一次挽救，又提高了利率，一天内的第二次，利率已达15%。

在英国历史上从来没有过一天内利率提升两次的例子。现在的利率与梅杰使英国加入汇率机制时的一样了。

投机商们并没有后退，英镑仍低于汇率机制规定的对马克的最低比价。显然，政府的政策已不可能再拥有政治上支持了。

一天内，英镑利率从10%升至12%，接着又升至15%。人们知道英国没有办法较长时间承受这么高的利率。英镑与马克的比价持续下降，英格兰银行则连连买进。

一天的努力无济于事，英国将不得不脱离欧洲货币汇率机制，英镑也不得不贬值。

梅杰又拿起了电话，这次是给法国总理和德国总理，梅杰的消息是严酷的，他宣布他不得不使英国退出汇率机制，他别无选择。

1992年9月16日，星期三，下午16时。

黑色星期三的下午越来越阴暗。英国正陷入英镑危机中，被迫退出货币汇率机制。

赢家，如索罗斯，正在发笑；输者，如梅杰和莱蒙沮丧地承认了失败。

英格兰银行参加由欧洲其他国家中央银行发出邀请的会议官员透露：英镑将中止与货币汇率机制的联系。

英镑对马克的比价下降了2.7%，后在纽约交易市场以1英镑兑换2.703马克比价进行交易，大大低于汇率机制的最低限额。

星期三，下午17时。

梅杰召集内阁成员开会，最后大家同意英国退出货币汇率机制，意大利也将退出，英国和意大利货币将自由浮动，两国的中央银行将不必在市场上购入各自的货币以维持其地位。

电视台工作人员和记者们聚集在英国财政部外等待着决定的宣布。

星期三，晚上19时。

决定最终宣布了。莱蒙出现在摄像机前，他承认了失败，他的脸色沮丧，面容消瘦。《英国经济家杂志》称之“失望”至极。

他把手放在背后，像一名囚犯。他强作笑脸，只是笑容稍纵即逝。他用右手推了推额前的头发，接着他开始讲话了：

> 今天，是一个极为困难和混乱的日子，大量的金融事件接连不断地发生，使汇率机制失去了作用……同时，政府认为只有中止作为汇率机制成员的资格，英国的最高利益才能得以维护。

星期三，晚上19时30分。

英国实行英镑自由浮动，星期三英镑以1∶2.71马克比价收盘，仅仅下跌了3个百分点。

到了第二天上午。英国利率回落到10%。

意大利紧随英国，退出了货币汇率机制。

英镑又缓慢攀升至1∶2.70马克，接着稳定在1∶2.65马克上，低于它先前汇率机制最低限5%，低于星期三的16%。

并不仅仅是英国的货币贬值，西班牙货币也贬值28%，意大利货币贬值22%。

随着英国从汇率机制退出，在纽约交易市场，英镑比价低于1∶2.70马克，比最低限额的1∶2.7180马克低出许多芬尼。

索罗斯是这场袭击英镑行动中最大的赢家，他以其高超的智力终于重创了英格兰银行这棵参天大树，被《经济学家》杂志称为“打垮了英格兰银行的人”。

在黑色星期三事件中，索罗斯收益为20亿美元，其中10亿美元来源于英镑投机，另外10亿美元来源于意大利和瑞典货币以及东京股市混乱的盈利。

随后，西班牙也宣布退出欧洲汇率体系。

成功地狙击英镑、摧毁英格兰银行，这一石破天惊之举，使习惯于隐于幕后的“金融巨头”索罗斯浮出水面，突然聚焦于公众面前，成为世界金融界的投资大师。

的确，索罗斯让每个英国纳税人损失了225英镑。

华尔街一位不透露姓名的经理，对投机的残酷进行了描述：

令人痛苦、十分紧张。你得有特殊的才能来处理投机，而索罗斯可以很轻松地做到……

它需要一种智慧，一种对自己的投机能力的自信，因为一个很小的波动就会产生巨大的影响。1994年2月美元每天变化四五个百分点。

这就花费了索罗斯6亿美元。我们生活的世界四五个百分点的变化是正常的。联邦储备银行的利率上升只有114个百分点，道·琼斯工业指数却会下降97个百分点。这确实需要冒险，但做起来则应理智。

投机集团动作的技巧便是卖空。索罗斯就是用这一方法卖空英镑而获利。

投机集团不仅喜欢长期和短期投机，也喜欢投机买卖股权、期货，以及归市场所支配的任何东西。

1988 年，索罗斯交易他的证券 18 次，1992 年为 8 次。与传统的投资者单纯依赖单一领域或单一市场相比，投机集团在多领域的投机为它们提供了占据世界某些金融市场份额的机会。

从失败中挺过来

1993年6月，索罗斯就断言由于德国经济衰退，其短期利率必须下调，德国马克将会随之贬值。

他写信给英国的《泰晤士报》，表明自己对德国马克的看法。市场迅速对此作出反应，马克比价从6月11日的1:80美分跌至6月25日的1:59美分。量子基金也因此获利约4亿美元。这次的轻松告捷，使索罗斯决定进行一场更大的活动。

索罗斯通过分析发现，英国的房地产量正处于低谷，价值偏低。1993年6月，他通过与里奇曼共同设立的基金，斥资7.75亿美元，一举收购了英国土地公司48%的股份。

由于索罗斯的巨大影响，许多投资商对索罗斯的决策极为崇拜，当投资商发现了索罗斯的投资踪迹后，产生大量的跟风行为。这导致股票市场上房地产公司的股票价格疯涨了6.67亿英镑，按照他在英国工地公司4.8%的股份计算，他一下子就赚了520万英镑。

这次的房地产投资充分显示了索罗斯在市场中所具有的能量，同时，也使索罗斯对自己在市场中的领袖地位更加自信了。

他认为高利率政策将会严重损害德国经济，从而确信德国政府一定会降低利率，使德国马克贬值。但德国的经济实力要比1992年的英国强大得多，不可同日而语。

索罗斯在1993年下半年对德国马克即将下跌的公开谈论也使德国中央银行有所警惕，加上德国人并不愿意看到索罗斯拿德国马克来赌博，更不愿看到他会赢。

事情刚开始似乎有向索罗斯预测方向发展的迹象，德国马克兑美元的汇率下跌。最终，德国政府还是维持了现有利率政策，德国马克也始终表现得极为坚挺。这无疑使索罗斯的如意算盘落了空，损失金额之大可想而知。

1994年年初，索罗斯开始斥巨资卖空德国马克，当时传闻他卖空了300亿美元的德国马克。但是，他万万没有想到，如今的马克已经今非昔比了。

在大肆做空德国马克的同时，索罗斯还犯了一个重大的决策性错误，那就是他赌日元对美元将会下跌。他的依据是日美两国首脑会谈将会解决双方的贸易争端。

但美国总统克林顿与日本首相并未能就双方的贸易争端达成共识，双方谈判破裂，外汇市场上日元对美元的汇率大幅攀升，涨幅高达5%，这又给索罗斯沉重一击。

这虽然对索罗斯的投资形象产生了严重影响，做空德国马克和日元共使索罗斯损失了6亿美元。但这并不致命，索罗斯手中依旧有114亿美元的资产。

索罗斯不愧为一代大师，在又一次失败中挺了过来。

凭借他超人的承受力和永不服输的自信心，他很快从这场灾难的阴影中走出来了。经历了一系列股市的跌宕起伏，索罗斯渐渐练就了与矛盾共生的本领。

虽然他在这次金融阻击战中损失惨重，但是他的活动引起了政府的注意。而此时刚从灾难中走出来的索罗斯却不得不面对国会举行的对有关对冲基金扰乱金融市场的听证。

索罗斯针对对冲基金的经营方式是否属于违法行为，国会有无必要对其进行进一步的监管等作了成功的解释。

在听证会上，索罗斯还尽量淡化对冲基金在整个投资领域中的作用，声称其成交量在整个市场上的份额比较小，没有必要对此特别紧张。索罗斯在国会听证会的出色表现使他顺利地通过了听证会，国会不再担心对冲基金，众议院银行委员会认为没有必要对对冲基金进行进一步的监管。

悬在对冲基金上方的利剑暂时被拿开了，索罗斯和他的量子基金又可以放心大胆地去行动了。

整个 1994 年，索罗斯承受着日益增大的压力。

1994 年，量子基金只比上一年增长了 2.9%。各种媒体也在不断地攻击索罗斯，一边对其公布的盈利数据进行质疑，一边发表一些挖苦性的文字，如“漏洞百出的索罗斯”、“炼金术士失去了点金术”等，媒体的这些评论不可避免地影响到索罗斯本人。

作为 60 多岁的人，他已处于事业上的巅峰，早有急流勇退的打算。如果他在 1994 年的成绩还像以前那样骄人的话，他可能已经就此引退。但由于 1994 年的失手，使他陷入媒体攻击的包围中，他又如何能视而不见？

索罗斯无法接受投资生涯的如此结局，开始准备寻找大目标。

袭击墨西哥比索

以前墨西哥是一个比较穷困的国家，它的繁荣始于20世纪70年代，因为它位于美国这个异常发达的国家南部，到80年代，全球投资热潮中，墨西哥已经成为一个引人注目的新兴市场。

1976年至1994年期间，墨西哥与美国、加拿大一起缔结了于1994年生效的《北美自由贸易协定》。当时，墨西哥希望《北美自由贸易协定》付诸实行，遂欲争取国内民众的支持。

然而，墨西哥民众对此却持不满态度，很多墨西哥人认为其所付出的代价大于所得到的好处。

原因是《北美自由贸易协定》的发起人对它的宣传过了头，认为它是灵丹妙药，与美国经济取得联系，能使墨西哥很快变成一个发达的国家。

但是很多墨西哥人发现：他们一方面干扰美元决策者，另一方面却比以往任何时候都依赖美国经济。

签署《北美自由贸易协定》就是把自己推向全球化，开弓没有回头箭，往后他们只能破釜沉舟。要争取美国国内支持，最佳途径是消除巨额贸易赤字。

但在萨林纳斯总统任期内，墨西哥民主抬头，萨林纳斯担心假如在选举前宣布货币贬值，他的继任人当选希望就会大打折扣。

1994年1月，墨西哥总统候选人柯洛西欧遇刺身亡，嘉巴斯州印第安人又发动暴乱，当时墨西哥政局非常不稳，不少人认为货币贬值将对选举产生不良后果。

选举过后，权力尚未移交之际，萨林纳斯本来还可以宣布货币贬值的，但他当时又要角逐世界贸易组织首脑，所以他不想把他的政绩弄得不好看。

但是“魔术师”最糟糕的事，就是相信他们本身的法力。投资者开始对持有比索面值的债券不放心，因此，墨西哥改而用美元举债。而比索一旦贬值，墨西哥的金融将很脆弱。

其实，早在1994年年初墨西哥危机已经暴露出来。当时行情不断看涨，投资者对墨西哥信心十足，一如他们在20世纪60年代末对新兴股票信心十足一样。没人理会那种提醒的论调。

12月19日，面对庞大的外资的流出、外贸逆差、外汇储备大幅下降，墨西哥政府不得不宣布比索贬值15%。这一消息，引起了市场的极大震动。

12月20日，墨西哥财政部长突然宣布：“比索对美元汇率的浮动幅度扩大到35%。”这意味着比索将被贬值。

终于，比索贬值了，但这已经太迟了。墨西哥当时外汇储备已荡然无存，墨西哥积欠的债券以美元计算没有变动，但以比索计算数额就大幅膨胀。

外界遂对墨西哥政府及私营部门的状况和信用信心动摇，比索贬值15%，使外资仓皇撤走，整个汇率制度在一天之内完全失守，结果比索在失去支撑后，币值下降了25%，于是危机出现。

而比索贬值就是墨西哥金融危机真正的“导火索”，国外学术界称之为“比索危机”。

导致“比索危机”有四重背景：第一，改革开放的步伐过快，导致经济结构宏观控制能力削弱；第二，经济发展过分依赖外部资金流入；第三，社会问题严重导致政局不稳，投资环境恶化；第四，政府决策失误，触发金融风潮。

1994年墨西哥比索危机时，墨西哥已经积累了大量的短期外债，而贸易逆差连年递增，比索与美元汇率又被固定在一定水平上不能自由浮动。实际上，墨西哥是靠外债的不断增长来维持比索的高汇率的，而如此高的汇率已经对墨西哥的出口构成了沉重的负担。墨西哥比索汇率在一定意义上已被高估。墨西哥政府发行的与美元挂钩的短期债券也无法救比索的命运。

“善斗者死于阵，玩火者必自焚。”

事后，美国和国际货币基金组织觉得，假如让墨西哥不偿还或延期偿还债务，整体国际市场就会出现动荡，于是它们展开营救，但它们的营救方案是很拙劣的。

它们的活动太过缓慢，它们也各自为政，没有很好地配合，动员的资源也不足。它们也没有欧洲和日本的支持，以致局势不断恶化。比索的贬值是自我加强的，原因是币值越下挫，墨西哥银行体系的地位就越岌岌可危，外资也逃得更快。

12 月 22 日，即在宣布比索贬值的第二天，墨西哥被迫允许比索自由浮动。这使局势进一步恶化：外资纷纷逃离墨西哥，同时股市暴跌、外汇储备几近枯竭。

一场震惊全球的金融危机终于成为现实。

危机给墨西哥带来了严重的冲击，股市崩溃、银行关闭、企业倒闭、GDP 下降了 6.9%、失业率从 3.2% 上升至 6.6%、债务负担再度加重、资金流入大幅减少、通货膨胀加剧、经济增长放慢，危机致使墨西哥损失至少 450 亿美元，政府 10 年的改革成果部分化为乌有。

墨西哥当时采取的内部措施也是无效的。本来在外国压力下，他们吃点苦头，可能比较容易解决一些，但他们一直抗拒。他们将利率提高到 50%—70% 之间，这种对策是自杀性质的，会导致日后墨西哥经济严重衰退，会引起无法估量的政治和社会后果。

这次墨西哥危机所代表的意义比 1982 年的危机更难掌握，原因是 1982 年时，债权人是银行，当时国际货币基金组织（IMF）可以向墨西哥银行施压，要他们放弃欠债者尚未缴清的利息，换言之，国际货币基金组织要求墨西哥银行继续提供贷款，让欠债的人有钱偿还利息。

于是，自主的贷款行为被所谓“集体贷款体系”取代，而此举的确有效。但现在根本不能向市场的投资者施加这种压力。原因是他们收到钱以后，就难指望他们继续投资，所以市场债务比银行债务更难处理。

当时最理想的做法是，应该促使墨西哥把美元面额的国库券转换成长期的债项，然后才提出营救方案，而银行体系仍可继续生存。

有人认为，美国根本不应该挽救冒风险赚大钱的墨西哥国库券持有者，他们本来就有义务自行承担后果。假如这样做，营救墨西哥所需的钱反而会较少，而国际货币基金组织（IMF）就可以有更多资源营救其他国家。

不过，当时大部分亚洲国家的情况都比拉丁美洲国家有利，原因是它们的储蓄率比较高，几个国家还提高了利率，这很可能使它们的经济冷却一点，同时，引起世界经济成长放缓。

不幸的比索被索罗斯盯上了。

1994 年，索罗斯率众对墨西哥比索发起攻击，量子基金轻而易举地大获全胜，取得了丰厚的收入。

墨西哥危机爆发后，为了防止其扩散，国际社会提供了援助。克林顿总统下令，为其提供 200 亿美元的贷款和贷款保证，国际货币基金组织提供 178 亿美元，国际清算银行提供 100 亿美元，拉丁美洲国家提供 10 亿美元贷款，总共 500 亿美元左右的资金，是及时的“救命稻草”，使墨西哥能偿还外债、支持比索。

直至 1995 年年底，墨西哥政府才从这场虽然短暂，但异常猛烈的危机阴影中走出来。

索罗斯在墨西哥大闹天宫，把这个中美洲最大的国家弄到了几乎要砸锅卖铁的地步，国际社会着实领教了这个来无踪、去无影的索罗斯的厉害，各国似乎对其敬畏三分！

成功狙击泰铢

20世纪90年代初，泰国为了刺激自己的经济发展，对于外资的进入，实行了更加优惠的政策，并于1992年组建了曼谷国际银行，允许国内投资者通过这家银行从国外获得低息贷款。

与此同时，国外资本，尤其是华尔街的金融投机家们，也看好了东南亚市场，他们正想找一块可以进入的沃土，这时，泰国自愿送上门来。

在当时，国际上的美元利率远远低于泰国国内的利率。既有开放引资的政策，又有比国内利率低得多的贷款，在这样的条件下，谁不赶紧去贷款呢？

于是，泰国国内投资者们，纷纷向国外借贷，并把借来的钱投到了国内。

一方面是国外资本想寻求一个良好的运作场所，一方面是泰国人伸手借贷外资，两者一拍即合。

从20世纪90年代初，大量外国资本涌入泰国。这种涌入主要的不是以外国人自己投资的形式，而是以泰国人借贷的形式进入的。这样，泰国人就背上了外债的包袱。

据统计，1992年，泰国的外债额为200亿美元。至1995年，增加到659亿美元；至金融危机暴发之前的1997年年初，外债高达890亿美元。

在这些大量涌入的外资中，绝大部分是私人借贷。既然是私人借贷，它的投资取向就不会听从政府的安排。

泰国人急急忙忙地借了这么多钱，用来干什么呢？如果是用于发展生产、改善基础设施、发展高新技术等领域，也可能不会发生后来的金融危机，或许即使发生了什么问题，由于有了很好的经济基础，这种危机也不会产生太大的破坏作用。

但是，这些借来的钱，被借款者用到了最能赚钱，但却不是最需要的地方。

泰国人用借来的钱，盖起了豪华宾馆、高尔夫球场、豪华私人公寓、高级私人医院，购买高级进口轿车，建设起大批的私人住房以及花在了购买各式各样新奇的消费品上。

在大批外国资本涌入的时候，泰国人一下子觉得自己有钱了，于是，豪华奢侈之风盛行。结果是，过量的房屋无人购买，过剩的酒店大量床位闲置，过多的轿车充塞得公路难以行驶，多余的医院找不到住得起的病人。

在借贷、投资、建设等一系列活动中，经济出现了前所未有的增长，在一段时间里，泰国的经济增长率为10%，经济出现了虚假的繁荣，与此相应的是，工资成倍的增长。工资增长，必然带来产品成本的上升，由此带来的是出口产品的竞争力丧失。

持续增长的外债和把借来的钱用在不是最需要的地方，为泰国金融危机的发生植下了粗壮的祸根。

就如泰国总理差瓦利所说的，肆意借贷是产生这场金融危机的根源。他还承认，在过去的10年中，泰国人一直在挥霍借来的钱，虽然借了很多债，但却不知道怎样正确地使用这些钱。

对外贸易是获取外汇的主要来源。任何国家都离不开一定的外汇储备。

然而对于靠大量借贷国外资本发展本国经济的国家，更需要一定数额的外汇储备。增加外汇储备，必须不断扩大出口。

泰国在20世纪90年代以来的经济发展中，一方面是借贷国外资金的猛增，另一方面是对外贸易的衰退。在这两方面这两者形成鲜明的对照。

据统计，从 1990 年起，泰国的对外贸易逆差逐年递增，经常项目赤字更是连年攀高。

1990 年，外贸逆差为 74.94 亿美元，经常项目赤字为 72.82 亿美元，外汇减少额为 32.3 亿美元。

至 1994 年，这些不利于经济发展的数字不但没有减少，反而进一步增加。外贸逆差达到了 92.66 亿美元，经常项目赤字为 82.22 亿美元，外汇减少额为 41.75 亿美元。

可以说，在这一时期，泰国的外汇储备不是在增加，而是在逐年减少。

外贸逆差增加，外汇储备减少，其主要的原因是进口物资有增无减，而出口创汇数额却在连年减少。外贸连年递减的主要原因是工资大幅度增加，提高了产品的成本，外贸企业员工素质不高，其产品在市场上缺乏竞争力。

国内泡沫经济创造出的虚假繁荣，刺激了职工工资的大幅度增长，20 世纪 90 年代初与 80 年代比较，相同产业的职工工资提高了两三倍。虽然工资是提高了，可是，职工工人的技术素质却没有相应提高。

此外，泰国引进的外资，大量地用在了消费业而不是生产领域。所以，尽管有数以百亿美元的外资引入，但用于引进技术和高技术设备的并不多。相反，曼谷街头上用外汇买回的德国和日本产的高级轿车却比比皆是。

泰国人在借债的时候，可能没有想到如何还债。其实，就在泰国人陶醉在泡沫经济制造的虚假繁荣中的时候，还债期已无情地悄悄临近。

在 1998 年到期的外债，就已经有 400 多亿美元。然而，到金融危机发生之前，泰国的全部外汇储备加在一起，比这个数字还少得多。

泰国经济发展势头良好的时候，曾出现过增长率高达10%的年份，然而，这是在泡沫经济状态中出现的，因此，呈现出的繁荣，其实是虚假的繁荣。

至1995年，泰国经济仍保持着8.7%的年增长率。经济增长率高是件好事，只有保持经济的快速增长，才能维持经济的繁荣。可是，泰国的经济发展是在债台高筑的条件下维持的。

换句话说，泰国是在靠借贷来维持经济增长，一旦借贷到期，债主就要求还债。还债需要钱，可是，泰国宽松的货币政策，导致了对于借资的管理不严，出现了许多严重影响经济发展的恶兆。

首先，居高不下的外债，对经济发展起到了致命的威胁作用。

至金融危机发生前，泰国的外债已经高达1060亿美元。如此高的外债，是任何国家都难以承受的。当然，如果外汇储备很高，也可以冲抵外债的压力。

然而，泰国的外汇储备却只有380亿美元，仅仅相当于外债的30%，在这种形势下，一旦外资突然撤退，肯定会给经济发展造成极大的混乱。

其次，金融管理混乱，呆账、坏账严重。许多泰国投机商，把借来的外资，用在了不该用的地方，消费、挥霍、不合理的建设等，耗费了大量的外资。

在一般情况下，投资者借钱的目的是为了赚钱，能够赚到钱，才有钱还债。可是，如果把这些钱都挥霍掉了，或投到了根本不赚钱的地方，那么，借贷者就无力还钱，于是，呆账、坏账的情况就必然出现。至金融危机发生前，银行系统出现的呆账、坏账数额已经高达200亿美元以上。

金融投机分子云集曼谷，随时准备出击。泰国经济发展过程中出现的病态，早已被经济专家和金融投机分子看得清清楚楚。然而，经济专家发现了问题，只有通过政治途径引起政府的重视，然后才可能产生相应的解决办法。

可是，就在泰国经济在病态中发展的时候，各党派的主要代表人物，却都在为拉选票而忙得不亦乐乎，谁还把经济发展放在应该有的位置？

而且，即使某个党派重视了经济领域的问题，如果不是执政者，那么，也只有批评的份，而无力改变任何东西。

在实际上，各党派在拉选票中投入的巨资，也在很大程度上是沾了泡沫经济的光。与经济专家和政客不同的金融投机家们，嗅觉灵敏、手提重金，看准了市场就可以立即下手。他们早就看到了泰国经济的病症，于是，调集资金，作壁上观，就等着适当的时机下手了。

在经济发展病态十足、漏洞成串的情况下，泰国的执政党和银行界，还在欢天喜地地追求着高速度。这实际上是在打肿脸充胖子。

至1996年年末，泰国经济发展就进入了进退两难的阶段。一方面是外债高得吓人，另一方面是离开外债就很难发展。于是，明知外债额已经很高，却不得不硬着头皮继续举债。

可是，外国投资者也不是傻瓜，他们也知道债台高筑的国家是很难有足够的偿还能力的，所以，外资的流入很自然地就减弱了。

外资流入的减弱，使本来就是依赖外资输血而发展的经济，一下子就出现了外汇紧缺的状态。市场上的外汇紧缺，必然就会导致外汇求大于供，于是，泰国货币泰铢与美元的比价出现了危机，即泰铢面临着贬值的趋势。

由于泰国玩火自焚，这一次被着实地教训了一番。

索罗斯向部下发出了信息。从1997年年初开始，泰国房地产气泡开始失去了光泽，并很快趋于破灭，外国投资者偷鸡不成反蚀一把米，便纷纷抛售泰铢。

索罗斯一见时机已到，便浑水摸鱼，亲率国际金融投机大家，集中全力进攻建立在沙滩上的泰铢堡垒。一时间，泰国金融阵地岌岌可危，硝烟弥漫，其震动波及整个东南亚金融市场。

看着泰国的泡沫型经济，索罗斯最后下定决心，要在东南亚以一个人的力量对抗国家集团的力量。

面对各国货币市场投机盛行，东南亚各国中央银行对市值的变化率一直在犹豫不决，尤其担心钱像流入国内一样迅速流出，从而使汇率急剧波动。但是此时此刻，这只被重新打开的资金龙头要拧上已很困难了。东南亚各国中央银行已经走到了它们的最后关头。

看准时机的索罗斯出动了。

不过，此次索罗斯及其部下不但显得小心、谨慎，而且还选准了从 20 世纪 80 年代末已成为地区通货的泰铢下手。

因为印尼与菲律宾利率虽然比泰国高，但印尼汇率经常受到印尼官方人为操控，比较不易投机，而菲律宾也对外汇市场有较多管制，同样不便放开手脚来大战一场，以决胜负。

相比之下，泰国在东南亚各国中金融市场开放程度最高，资本进出自由。除了利率较高之外，泰铢长期紧盯美元，汇率相当稳定，风险最小。另外，泰国经济“虚假”繁荣景气最旺，低迷的房地产市场正在拖垮原来腰包鼓鼓的金融业，因此泰铢市值实际上也就最不稳定，最易攻破。

索罗斯之所以拿泰铢开刀，这在于看中了上述有利条件，这就叫“擒贼先擒王”，打破泰铢堡垒之后，就能够彻底扫荡东南亚了。就这样，索罗斯吩咐手下，将资金暗中向东南亚转移，以便最后时机一旦成熟，便可大举登陆东南亚。

索罗斯终于悄悄地向东南亚诸国宣战了。

1997 年 2 月，金融市场上就风传泰铢要贬值，许多投资者以为这是泰国政府有意使本国货币贬值，以便推动出口，降低贸易逆差，提高还贷能力。于是，一些害怕自己手里的钱贬值的人，就立即抛售泰铢，并兑换美元。这使泰国的汇率面临着前所未有的压力。

为了稳定汇率，吸收泰铢，泰国中央银行于 2 月 17 日宣布提高泰铢的短期利率。曼谷银行也宣布，提高隔夜拆借利率 3%，使短期贷款利率高达 23%。中央银行开始回购在市场上出售的债券，以便把这部分货币从银行中分离出去。

这些措施起到了一点效果，使汇率略微有了回升，但还是较上年度末下降 1.5%。泰国政府和银行系统，咬牙坚持着汇率的稳定。

在过去的 10 年中，他们一直成功地坚持了 1 美元兑换 25 泰铢的汇率。

至 1997 午 2 月 18 日，尽管受到各种冲击，经过泰国央行的努力，还是把汇率的中间价维持在了 1:25.99 的比例。仅下降了 3 个百分点。

为了稳定泰铢的汇率，泰国中央银行采取了应该采取的措施，同时，为了稳定人们的情绪，泰国中央银行的负责人发表讲话称，有关泰铢贬值的消息，纯属谣言，这绝不是政府的政策。

发言者还信誓旦旦地说，央行将继续紧紧盯住汇率变化，密切注视货币市场的动向，并采取一切措施保证泰铢与外币比价的稳定。善良的听众和存款者，听到这些消息后，心里稍稍获得了一点安慰，然而，客观实际并不是由什么人讲几句话就能改变的，汇率的变动有它自己的规律。

至 1997 年的春季，泰国金融机构好像变成了熟透了的香瓜，随便碰到什么硬东西，就可能出现一个窟窿。

就在中央银行刚刚堵住了泰铢的抛售风，于 3 月 4 日，又传出令人可怕的消息，一些金融公司存在着大量呆账和坏账问题，涉及数额之大是前所未有的。此消息一出，在一些金融公司就发生了严重的挤兑之风，在几天之内，就有 8 亿多美元被存款者提走。

这时，政府又出来强撑局面，要求银行和金融机构把坏账准备金增高到115%—120%。金融界出现了大震动，金融股出现暴跌。

1997年3月3日，泰国中央银行宣布国内9家财务公司和一家住房贷款公司存在资产质量不高以及流动资金不足问题。索罗斯及其手下认为，这是对泰国金融体系可能出现的更深层次问题的暗示，便先发制人，下令抛售泰国银行和财务公司的股票，储户在泰国所有财务及证券公司大量提款。

此时，以索罗斯为首的手持大量东南亚货币的西方对冲基金联合一致大举抛售泰铢，在众多西方“好汉”的围攻之下，泰铢一时难以抵挡，不断下滑，5月份最低跌至1美元兑26.70泰铢。

泰国中央银行倾全国之力，于5月中下旬开始了针对索罗斯的一场反围剿行动，意在打垮索罗斯的意志，使其知难而退，不再率众对泰铢群起发难。

凭其直觉，索罗斯认为泰国中央银行所能使出的全盘招数也就莫过于此了，泰国人在使出浑身解数之后，没有使自已陷入绝境，所遭受的损失相对而言也只是比较轻微的。

从某种角度上看，索罗斯自认为，他已经赢定了。对于东南亚诸国而言，最初的胜利只不过是大难临头前的回光返照而已，根本伤不了他的元气，也挽救不了东南亚金融危机的命运。

索罗斯为了这次机会，已经卧薪尝胆达数年之久，此次他是有备而来，志在必得。先头部队的一次挫折并不会令其善罢甘休，索罗斯还要三战东南亚。

泰国金融系统正处于黑云压城的局面，汇率的稳定面临着巨大的压力。为了从舆论上争取主动，3月6日，泰国的财政部长出面，公开驳斥了关于他和中央银行行长准备引咎辞职的传言。

第二天，国际货币基金组织主席康德苏在一次讲话中称：

> 我相信泰国当局能够稳住局面，金融危机不会发生。

这些讲话起到了一定的作用，挤兑之风有所收敛，还出现了一部分购买银行股的资金回流。接下来，泰国政府又采取了进一步的措施，削减财政预算1060亿泰铢，发行1000亿泰铢的债券，以便减轻金融机构的压力。

随后，泰国政府下令，各银行和金融机构提高对不符合标准的贷款的准备金。还要求10家现金不足的金融机构增加现金。这些措施，都对金融市场和汇率的稳定起到了一定作用。

曼谷的汇率下跌之风稍事缓和，就接到了来自美国银行方面的不祥消息。美国穆迪银行级别评定机构宣布，泰国金融体制的透明度处于较低水平，因此，把泰国的长期最高借贷级别降低一级。

仅过了两周，该机构又宣布，由于泰国的财政基础薄弱，经济发展速度放慢，股市下跌，房地产业不景气，金融业陷入混乱，因此，降低泰国的大城市银行、京都银行和军人银行的级别，这三家银行是泰国的主要银行。

来自美国的警告，向投资者和存款的民众敲响了警钟。抛售泰铢，购买美元，兑换外币的风潮又起，再一次把泰铢挤到了贬值的边缘。

泰国的各大银行，根据政府的要求，想出了各种办法，死死坚持着，设法制止泰铢汇率的下滑。到了5月上旬，泰国首相宣布，他要亲自参与对经济工作的管理，尤其是对金融工作的监督。银行的改组也在进行中。

5月14日，由于金融投机分子大量抛售泰铢，导致了泰铢兑换美元的比值再次出现下跌，并跌至11年来的最低水平，1美元兑换26.36泰铢。

中央银行在政府的授意下，拿出了10亿美元来救市。这时，新加坡、马来西亚和香港等地也前来救市，注了近百亿美元的资金。这些措施有效地制止了泰铢的贬值。在国外，泰铢兑换美元的比价提升到了1美元兑换23—24泰铢。而在国内，则暂时稳定在了1美元兑换26.67泰铢的水平上。

政府出面干预，使泰铢暂时停止了贬值的趋势。但是，金融投机分子却不甘于失败，他们又转向了股票市场。大笔地抛售泰国企业股票，以便换取泰铢，换取泰铢之后，再拿到市场上迅速抛售。致使泰国股市出现了暴跌的局面，从1200点陡降至500点。股市起火，政府又把精力集中到了整治股市上来。

在整个1997年的5月间，泰国政府展开了一场本国货币保卫战。他们自己承认投入了20亿美元，终于在这个月中顶住了泰铢贬值的大潮。政府还在坚持着，它既要修补不断暴露出来的泰国经济特别是金融领域的巨大漏洞，又要与金融投机分子作斗争。这样做的目的就是保持泰铢不贬值，钉住不变的汇率。

再度向泰铢进攻

1997年6月，索罗斯再度出兵，他号令三军，重振旗鼓，下令套头基金组织开始出售美国国债以筹集资金，扩大索罗斯大军的规模，并于下旬再度向泰铢发起了猛烈进攻。

刹那间，东南亚金融市场上狼烟再起，硝烟弥漫，对抗双方展开了短兵相接的白刃战，泰国上下，一片混乱，战局错综复杂，各大交易所简直就像开了锅的热汤，人们发疯似的奔跑着，呼号着。

这是一场个人对抗国家的战争，从形式上看，这似乎是不可思议的；然而，从结果来看，则更加令人百思不得其解。

只有区区300亿美元外汇储备的泰国中央银行历经短暂的战斗，便宣告“弹尽粮绝”，面对铺天盖地而来的索罗斯大军，要想让泰铢保持固定汇率已经力不从心。

泰国人只得拿出最后一招，来个挖肉补疮，实行浮动汇率。不料，这早在索罗斯的预料当中，他为此还专门进行了各种准备。各种反措施纷纷得以执行，泰铢的命运被牢牢地掌握在索罗斯的手中。

泰国政府当局坚持到了6月下旬。新任命的财政部长要求16家金融机构进行整顿，停业30天。之后，又决定与5家实力雄厚的金融机构合并。

接着，中央银行行长透露，由于泡沫经济问题，致使泰国金融业的坏账数额可能高达8000亿—9000亿泰铢。这个数额把整个社会都惊呆了。

外国金融机构得到这个消息后，立即停止了对泰国企业的贷款。泰国金融业一下子陷入了资金严重不足的困境之中。政府对泰铢贬值的干预已经无法维持下去了。

在严峻的金融形势面前，政府被迫重新考虑汇率政策。经过研究，政府不得不面对现实，承认泰铢贬值。

1997 年 7 月 2 日，泰国中央银行行长宣布，放弃实行了多年的钉住汇率的政策，允许泰铢的汇率自由浮动。积蓄已久的金融危机终于暴发。

泰铢继续下滑，7 月 24 日，泰铢兑美元降至 32.5∶1，再创历史最低点，其被索罗斯所宰杀之状，实在惨不忍睹，泰国人更是心惊肉跳，捶胸顿足，责问苍天。

然而，在击破泰铢城池之后，索罗斯并不以此为满足，他断定泰铢大贬，其他货币也会随之崩溃，因此下令继续扩大战果，全军席卷整个东南亚。索罗斯暗中发誓，此次定要将东南亚各国搜刮一空，好好地赚上一大笔。

闻得索罗斯大军兴风作浪，腾云驾雾而来，其他东南亚国家均倾全力进行了殊死抵抗。菲律宾抛售了 25 亿美元，马来西亚抛售了 10 亿美元，以稳定本国货币，但在索罗斯的强大攻势面前却难以阻止比索、林吉特的贬值。

同时印尼盾、新加坡元也剧烈波动，一时间，东南亚货币市场风声鹤唳，草木皆兵。这究竟是一场金融危机的前兆，还是金融风暴的尾声？恐怕谁也不敢妄下结论，其秘密也许只有一个人知道，他就是索罗斯。

此次，索罗斯飓风远渡重洋，千里迢迢，不辞艰辛，进攻东南亚众多小虎，虽三次进攻，锲而不舍，但最终还是大获全胜，尽将这数亿小富民刮得惶惶而不可终日，一天到晚皆忙于祷告救世主的仁慈。

伴随抛售泰铢、抢购美元的狂潮，大批工厂开始倒闭，公司纷纷减员，物价大幅上涨，城市居民的生活水准急剧下降。

在索罗斯发起的悄无声息的进攻中，1997 年 7 月 29 日，泰国中央银行行长自动宣布辞职，而在此之前，泰国主管经济的副总理兼财政部长业已含恨告老还乡。

大为光火的马来西亚总理马哈蒂尔厉声点名责骂索罗斯，气急败坏的泰国人则发誓要将索罗斯绳之以法，抓回泰国判刑入狱。

沉默，沉默，索罗斯一言不发，后来干脆就说是其手下所为，他本人根本就是一无所知。索罗斯基金的总管德鲁肯米勒在泰铢贬值之后则喜形于色、按捺不住内心的欢悦之情，大声宣布："我们赢了！"

继泰国战役之后，索罗斯飓风很快又扫荡到了印度尼西亚这个东南亚最大的国家。刹那间，印尼即出现了"黑色星期一"印尼盾大幅狂泄，民众出现了抢购美元的狂潮。

自7月21日以来，印尼盾汇率开始大幅下跌，其降幅已连破历史纪录。从年初至8月20日，印尼盾对美元已贬值23%左右，远远超出了政府一厢情愿所制定的每年5%—6%的指标，贬值幅度之大，在东南亚仅次于泰国。

受汇率影响，雅加达证券市场的股票综合指数也一降再降。仅8月份前3天就下降了20%以上，一个月内降下150.55点。印尼银行界、经济界及社会大众哭天喊地，捶胸顿足。

印尼盾贬值后，给印尼经济带来的最明显影响，是以进口原料为主的制造业成本大增，导致包括汽车、计算机在内的产品价格大幅上扬，建筑材料涨价，主要日常必需品价格也上涨了5%—13%。

业内经济人士认为，物价上涨将使当年的通货膨胀率从预计的6%以下升至8%以上。盾币贬值，由于货币利率的区制，各公司债务一夜之间剧增100%，这样将导致目前已超过1100亿美元的印尼外债进一步攀升。

索罗斯飓风之威力由此可见一斑。

索罗斯在东南亚大施淫威震撼了我们居住的这个星球：世界各国政界和经贸界人士纷纷作出了各种反应。

由于索罗斯冲击波的余威仍在逞能，它又迅速波及巴西证券市场和波兰货币兹罗提，随后袭击了新加坡、中国台湾和希腊，促使美国财政部和国际货币基金组织由于东南亚金融之动荡而处于高度警惕状态，并使从亚洲到拉美和东欧的货币与证券价值纷纷下降。

7月17日，手忙脚乱的希腊政府承认，他们不得不从国库拿出8亿美元支持希腊德拉克马，因为投机商纷纷打赌说德拉克马将下跌。

不稳定的局面使国际货币基金组织和美国政府官员忐忑不安。他们对1994年至1995年索罗斯在墨西哥兴风作浪所酿成的危机记忆犹新。

正是那场危机使墨西哥出现了严重衰退，震动了整个金融市场，克林顿政府的一位高级官员说："我们当然和国际货币基金组织保持着密切联系，它们当然也与受到影响的国家保持着密切接触。"

国际货币基金组织政策和研究部负责人杰克·布尔曼说："对这个问题我们的确是认真看待的。我们对个别国家表示关切，也对可能开始出现一个市场蔓延到另一个市场的某种现象感到不安。"

7月19日，泰国货币出现了大幅度贬值，就在此前的一个星期，中部欧洲的捷克共和国宣布放弃固定汇率，取而代之以浮动汇率。

在遥远的太平洋的另一头也立即产生了反响：拉美的巴西和阿根廷感到了地震，它们的股市普遍出现了下跌，并且风传巴西货币雷亚尔将会贬值。就这样，拉美最大的股票交易所——圣保罗股票交易所的指数下跌15%，这相当于道·琼斯工业股票平均价格指数下跌1200点。

索罗斯飓风有可能产生回旋效应，从而对美国自身经济构成威胁，尤其是如果它继续蔓延的话。

俄亥俄州哥伦布银行第一银行投资顾问公司首席经济学家安东尼·陈说："如果再发生多次这样的动荡，就会给全球带来更多的不稳定，这对任何国家都没有好处。"

此事以后，说起索罗斯，都有谈“索”色变之感。有人称他为魔鬼，也有人称他是天使。然而，索罗斯毫无疑问是一个极具能量的人物，在世界上恐怕只有北美的飓风能够与之相提并论：风起之前，谁也无法预测；只是一旦成风，所到之处，只见断壁残垣，一派残不忍睹之景色。事过之后，便又立即无影无踪，一派风和日丽，普照万物之象。

据说，当年大英帝国倾空国库之所有，耗尽上百亿美元，力图阻挡索罗斯这股北美飓风的袭击，无奈，曾不可一世的大英王朝之威势早已日薄西山，随江东去，终究没能战胜索罗斯，被迫将英镑贬值15%，同时退出了欧洲汇率体系。区区索罗斯一人就让欧洲统一货币进程遭受到了最为严重的创伤。至今，元气尚未恢复的英国人和欧洲人还对索罗斯恨之入骨，提起索罗斯就连声诅咒他是莎士比亚《威尼斯商人》中嗜钱如命的犹太商人“夏洛克”。

通过这一战役，索罗斯银行账户里又增加了10亿美元。随后，索罗斯飓风又向南方席卷而去，在墨西哥金融危机中，将这个拉美大国几乎摧残得国破家亡。

此次，索罗斯飓风远渡重洋，千里迢迢，不辞艰辛，进攻东南亚众多“小虎”，三次进攻，锲而不舍，但最终还是大获全胜。

不为赚钱而赚钱

我必须改变人们对我的看法，因为我不想仅仅是一名富翁，我有东西要说，我想让政府听到我的声音。

——索罗斯

朴素的物质生活

经过10多年的金融投机活动，索罗斯不仅在理论上是成熟的，而且在行动上获得了巨大的成功。

他不像一些空头股评家，给别人讲起股市来头头是道，而自己要么不敢进入股市，要么入市就亏本或被套。

索罗斯既是股市和金融市场投机活动的理论家，更是了不起的实践家。他总结的投机理论，不是为了讲给别人听的，而是给自己用的。他是优先满足自己的理论需要。

在成功之后，当别人问起，他才在万不得已时，把他的理论略讲一二，但是，他讲的投机和股市运作理论很少有人能够听懂，而他自己却用起来得心应手。

索罗斯不仅是国际知名的金融投机家，而且也是收入惊人的世界级的巨富。索罗斯的一生都在与钱打交道，为了钱而奋斗。人们自然要问，索罗斯不择手段地挣钱，他是否就为了满足穷奢极欲的奢华生活呢？答案是否定的。

索罗斯在生活上并不奢侈，他挣钱和花钱，在很大程度上是为了满足某种精神上的需要。

索罗斯原本是个一贫如洗的穷苦孩子。他完全靠着自己的奋斗，一步一步地摆脱了贫困，而且变成了世界级的富翁。

当初他从事金融炒作完全是为了赚钱，当然，现在的金融投机活动也是为了赚钱。不过，起初他赚钱的目的仅仅是为了满足自己的基本需求。他要生存，要读书，要养家糊口，要赡养父母，所有这一切都需要钱。钱从哪里来？只能靠自己去挣。

因此，在贫困的时期，为挣钱而从事金融活动是他的追求。

生存问题早已远离索罗斯而去，早在索罗斯基金解散的时候，索罗斯就有了几辈子也用不完的钱。索罗斯是靠自己奋斗起家的，是奋斗者中的暴发户。

许多从贫穷起家的暴发户，一旦获得了巨额财富，就穷奢极欲，追求无限的物欲享受。不过，这些是低素质的暴发户，是缺少文化和修养的成功者的行为。索罗斯是有思想、有追求的人，他把物质享受看得很淡。

尽管有用不完的钱，可是，他对物质享受并不怎么感兴趣。在关于他的报道中，几乎见不到涉及物质享受方面的内容。如果有这方面的问题，在开放的社会中，绝对逃不过记者们的眼睛。

有这样一个事件，恰好可以反映索罗斯和他的年轻妻子朴素的物质生活情况。索罗斯雇用了两名厨师，有一次这两个人竟然为了用那把匙子吃蛋奶酥而争吵起来。于是，索罗斯的夫人就解雇了其中的那个英国厨师，而此时索罗斯本人出差在外。

这位厨师一纸诉状告到了英国法庭上。

诉讼人称，索罗斯夫人用非常昂贵的拉夫提酒做菜。告状者想以此来证明索罗斯和他的妻子生活奢侈。除此之外，他再也说不出索罗斯夫妇在生活中的奢侈与讲究。

然而，就连这件事，与索罗斯有过较多接触的记者也不相信。英国的一位记者写道：

> 用拉夫提酒做菜，看起来不完全合理，这不可能是真的。因为索罗斯一家居住和生活状况与普通人没有太大的差别。

这位记者曾经在索罗斯家与索罗斯一起共过餐，他认为，那名厨师所说的事，根本不像索罗斯夫妇的作风。他们的生活中，没有这种追求奢华的迹象。

索罗斯再婚的妻子比他小 20 多岁。那名被解雇的厨师称，他担心索罗斯夫人可能想得到她所要的东西。然而，索罗斯夫人向索罗斯要求的，她已经得到了。

索罗斯夫人是搞艺术史研究的，她建立起了自己的学校，取名为巴特装饰艺术中心，为建立这个艺术中心，索罗斯夫人得到了她丈夫的 660 万美元的赞助。

除了那名遭解雇的厨师曾经说过这对极为富有的人上述言辞之外，再也没有什么关于索罗斯生活问题的报道了。这些从客观上说明了索罗斯在物质方面，过的是普通人的生活。

索罗斯的金钱和精力都允许他过奢侈的生活。但是，在已经出现的新闻报道中还没有人称发现索罗斯有类似的行为。他已经拥有了几生几世都用不完的钱财，有条件搞耗资甚高，而又显得有些高雅的收藏活动。然而，索罗斯对此毫无兴趣。

他的兴趣集中在了抽象思维上。追求精神享受的人，对物质生活的要求并不很高，能够满足生理的需求，不为生存担忧就够了。

当有记者问索罗斯，为什么他不收藏任何东西时，他回答说："我发现收藏完全与我的个性不合。因为我拥有抽象的思维，而收藏是一个人所能够做的事情中最有形的一种，一个收藏者不只是买一些油画，或在自己的地窖里拥有一些酒瓶，他还要记住它们的名称，我觉得这样的事让我感到讨厌。"

索罗斯曾亲口对记者说："物质的东西从来就没有让他得到过很多快乐。"

当记者问他，什么东西能使他感到快乐时，他回答，只有对观念的探求，才能吸引他。

索罗斯崇拜怀特海的过程主义哲学，他曾经写道：

观念的探索能够吸引我的兴趣。思考是我存在的一部分。我是相当喜欢深思的人，喜欢对问题的深沉思考。

年轻的时候，我花了很多时间思考哲学问题，浪费了一大段青春时光。在一些观念中游荡了一阵子之后，我发现行动比思考能够学到更多的东西。

所以，我变成了行动派哲学家。从此，我在行动时让思想起重要作用，而在思考时，又让行动发挥重要作用。这种思想和行动之间的互相作用，就是我的哲学，也是我的爱好。

除了抽象思维之外，索罗所还非常喜欢打网球。索罗斯经常去打网球，这既是他的爱好，也是他经常锻炼的方式。但是，这个爱好并非富人独有，任何一个不为生计发愁的人，都可以找个场地玩玩网球。

像索罗斯这样的富有者，即使建立起自己专用的网球馆，也不会引起舆论的轰动。

一个从贫穷如洗的状况中，靠着自己的奋斗而突然暴发起来的人，能够心平气和地过一种普通人的俭朴生活，这也是很不容易的。这是一种有思想、有追求的人才能够保持的作风。

尤其是像索罗斯这样，他曾经饱受战争的摧残与蹂躏，忍受过无数的冷眼与嘲笑，而有钱之后，他竟能完全淡定地面对生活。

索罗斯一心为赚钱而奋斗，可是，他赚了钱之后又不去享受金钱所能带来的物质生活，而是仍和普通人一样地过简简单单的生活。索罗斯不仅在物质享受上没有什么过分的追求，而且对政治权力也没有任何奢望。从来就没有过关于索罗斯要竞选什么议员或州长的报道。

索罗斯有了钱，既不追求物质享受，又对政治毫无兴趣，那么，他对什么感兴趣呢？根据索罗斯的所作所为，可以看出：至现在为止，他是把挣钱和搞慈善事业当成了两大乐趣。

索罗斯对于从事金融投机，以便赚取更多的钱财，似乎有着与生俱来的强烈冲动。

1993 年，当他狙击英镑成功，并获得了 10 多亿美元的收入后，美国广播公司采访索罗斯，问他有什么感受时，他说："我的基金已经变得如此庞大，以至于如果我不花些钱的话，它就没有什么意义了。对我来说，似乎挣钱比花钱更容易些。"

他还得意地说："我看起来在挣钱方面比在作出正确的用钱的决定方面更有才华。"

在谈到他的工作时，索罗斯说："我是一架处于日益良好运转的机器，对于各种事物发展的线路我十分满意。"索罗斯还说："我在刚刚涉足金融投机这一行的时候，还不能令自己满意，现在就得意多了，自我感觉更圆满了。"

索罗斯称自己所追求的是在复杂的金融领域中，发现各种因素是怎样被整合到一起的。了解了这些，就能掌握金融运作时机。

索罗斯是一个很奇怪的人，他热衷于赚钱，就像猎人喜欢打猎，渔民喜欢捕鱼一样。乐趣不是存在于怎样享受猎物的美味，而在追击和猎联的过程中获得满足感。索罗斯把赚钱当成了个人一生的追求和享乐。在赚钱的追求中，他不是简单地满足于获得投机的成功，而是愿意动脑筋去探讨金融投机的理论或规律。

根据索罗斯的一些言论，可以得出这样的印象，他对于每次金融投机活动赚到了多少钱并不看重，看重的是每次行动在多大程度上符合或验证了他的理论。

索罗斯比所有从事金融投机活动的人对金融运作思考得更多，研究得更透。在金融活动中，他像一个久经沙场，而又善于谋局造势的将军一样。对每一次金融投机活动，都是进行反反复复的思考、分析、论证，同样像谋划战局一样，在投机活动开始之前，就预先设计出对结果的假设。

当一场金融投机活动结束时，索罗斯最感兴趣的东西不是赚了多少钱，而是在多大程度上验证或背离了他预先的设想。如果金融投机的实际结果与他的设想符合，这是他最高兴的事了。

反之，如果实际结果和他的设计相差很远，他就会认真反思自己的假设，寻找出现误差的原因。因此，每次投机活动的失败，损失了多少钱并不会使他特别烦恼。最使他烦恼的是，自己的设计出现了意料之外的漏洞。

客观地说，索罗斯是金融投机领域的哲人，是追求金钱队伍里的思想家。同样是追求金钱，索罗斯与其他金融投机分子的最大不同在于：索罗斯把探讨金融投机的理论当成目的，而其他的金融投机分子是把对金钱的占有当成乐趣。这个差别其实是思想家与物质上的贪婪者的差别。

在谈论自己的行动时，索罗斯自己说过这样的话：

> 我不相信人的行动不掺杂个人动机，我恰好处在十分特殊的地位，因为我赚到了超过我自己所需的钱，如果我没有多余的钱，我就不会成为慈善家了。我要提醒人们，我是在成为富有之人后才这样做的……
>
> 如果你每年赚你计划所赚钱数的30%—40%，连续25年，即使你开始时只有很少的钱，最后，也是可以赚很多的钱。所以，我赚到的钱确实多得惊人。然而，我和其他也赚到这么多钱的人之间，最主要的差别是，他们可能只对钱感兴趣，而我却对理念更感兴趣。而且金钱对于我个人来说，已经没有多少用处了。

索罗斯还意味深长地说："我很不愿意想象的是，如果我没有赚到钱，会是什么情况呢？应该是我的理念不会发挥什么作用了吧?"

索罗斯经历过没钱的生活，体验过事态之炎凉。他知道金钱的用途，因此，尽管他更感兴趣的是理念，但是，也绝不会放弃对金钱的追求和一定程度上的占有。

也许正是这种心态，让索罗斯能够坦然地面对金钱，这是许多投资者和投资大师不具备的心态。

作为华尔街著名的投资大师，索罗斯有他独特的工作方式，他不会像许多投资者那样，以为每天紧盯电脑行情报价机，不放过每一个可以看到的市场分析、评论文章，就可以在市场上赚到钱。

那些每周在办公室中待 80 个小时以上，投入大量时间的大部分人往往都是以亏钱告终。索罗斯每周工作不会超过 30 个小时，他更多的时间是在休假或者是在娱乐。

他自己解释说："那其实是工作的一部分，只有远离市场，才能更加清晰地看透市场，那些每天都守在市场的人，最终会被市场中出现的每一个细枝末节所左右，最终根本就失去了自己的方向，被市场给愚弄了。"

在这种意义上，这些话充分体现了索罗斯确实是一个非同一般的投资大师。

热心慈善事业

白手起家的索罗斯，凭借自己的才智在金融市场上投机，获得了空前的成功。与从事企业和生产性行业相比，他这钱来得似乎非常容易。他曾经一天赚过4000万美元，也曾经一年赚过10亿美元。

那么，他挣这么多钱干什么呢？他自己也曾说过，他在花钱方面的才能远不如挣钱方面的才能。经过一段时间的考虑，索罗斯已经为他的钱找到了一个出路。这就是搞慈善事业。

在20世纪80年代索罗斯以他的名字创办了慈善基金会。开始了他的有意义的花钱工作，创办基金后不久，他就在布拉格和布达佩斯成立了中欧大学。这个大学学员有来自22个国家的400名学生，他的慈善行动所及，现在已经达到了26个国家。

1990年，索罗斯在苏联建立了公开的慈善基金会。在拉脱维亚、立陶宛也建立起了相应的机构。他出资为学者、科学家、学术团体提供培训经费和必要的生活费。主要培训对象是苏联和东欧诸国的企业管理人员和工程技术人员。

1992年年底，索罗斯捐赠1亿美元，以资助苏联的科学家和他们的研究工作。目的是想减少这个地区的科学家外流。因为，索罗斯看到了苏联大约有5万名科学家已经离开他们日益贫穷的生活和难以为继的工作，跑到伊拉克、叙利亚等战争频发的国家和地区，从事待遇优厚的工作，这对世界和平和科学事业的发展都没有好处。

仅在1993—1994年这两年的时间里，索罗斯就向分布在26个国家的救济对象提供了5亿多美元的救济。

1996年，是索罗斯更加大方的一年。

在这一年中，仅通过报道知道的捐赠款项就有，掏出3.5亿美元支持东欧及苏联地区的科学家和他们的研究工作，支持那里的大学生们，目的是实现他从卡尔·波普尔那里继承下来的“开放的社会”的理想。

索罗斯是个很有意思的人，他对哲学总是念念不忘。在当学生时崇敬波普尔，可是，由于他是来自于东欧的学生，波普尔对他很失望，原因就是那里不是“开放的社会”。现在索罗斯有钱了，就想通过金钱的力量，使这个不开放的社会，转变为开放的社会。

在这一年中，索罗斯还为如下的项目捐了款。

为加利福尼亚州和亚利桑那州通过使医用大麻合法化的公民提案捐款100万美元；

为一项旨在为患不治之症的人提供更有人情味和更实际的治疗的“临终关怀”计划，捐献了1500万美元；

为对合法移民提供帮助的基金提供了5000万美元；

为老城区和乡村地区的数学教学捐款1200万美元。

索罗斯还向一个叫作帮助犯人重新生活的计划提供100万美元。其中的一部分是资助妇女罪犯出狱后找工作，另一部分是协助非暴力犯罪的首次犯罪者在出狱后找到工作。这些捐赠获得了公民以及政治家们对索罗斯的好感。

不过，当索罗斯拿出1600万美元支持那些主张开放软毒品市场的团体时，克林顿总统就显得很不高兴了。

索罗斯的大笔捐献，使他在美国的公民中获得了很大的声望，也使他自己感觉良好。

在人们对他的慈善行为大加赞扬的时候，索罗斯显得很谦虚，他说：“我觉得在东欧国家我能作出更大的贡献，因为我处于一个独特的位置……但是，在美国我就不处在这样的位置了，我只是许多参与者中的一个，而且我认为我们的活动也不是那么独一无二。在东欧，我们进行的是开创性的工作，在美国，我只能加入到一群人之中。”

索罗斯在慈善捐助事业中，尝到了与投机活动完全不同的滋味。这里没有人骂他，只有对他的赞扬和崇敬。这使索罗斯有时觉得搞慈善事业比赚钱更有意思。

他在一次讲话时曾这样说：“我已经不再介入我生意上的实际决策了，我也想从基金会的决策中摆脱出来。我要创建的是一个没有我也能运转的组织。在生意上，我已做到了这一点；而在慈善基金会方面，我还有一段路要走。”

不过索罗斯是聪明而且清醒的。他虽然没有成为哲学家，可是，哲学的头脑他还是有的。索罗斯不会陶醉于花钱救济别人之后得到的赞扬之中，他知道那是用钱换来的，而且他非常清楚，是钱的威力才使他有了好的名声。

如果他还像20世纪40年代末刚刚进入英国时，是个一文不名的穷光蛋，谁还会知道有一个叫作索罗斯的人呢？所以，他在一些讲话中也说道：“虽然不能为钱而生存。但是如果没有钱的话，那么，情况就会完全不同了。”

鉴于这种清醒的认识，索罗斯不希望别人称他为利他主义者。他说，他不相信人的行为不掺杂个人动机，那样的人很少见，他自己绝不是那种人。

用经济影响历史

索罗斯在几十年的生活历程中，经历过多种政治环境。

少年时代，他经历的是封建制度和自由资本主义相互掺杂的社会制度，之后就是法西斯统治。战争胜利后，迎来的是苏联控制下的社会主义制度。当他快要进入成年的时候，来到了英国，这里是一种古老的资本主义制度。

后来，他到美国，才真正享受到了卡尔·波普尔所说的开放的社会环境。在这些制度的比较中，他选择了波普尔的“开放的社会”作为支持对象。在这里，波普尔的思想和索罗斯的金钱结合起来。

索罗斯想通过金钱，来实现他尊崇的先生提出的关于开放的社会理论。而且他也开始热衷于政治活动了。

索罗斯把他用于捐助的钱，绝大部分用在东欧和苏联。作出这种选择，并不是由于这里太穷。如果仅仅把贫穷作为捐助的标准的话，那么，非洲一些国家更穷，更需要捐助。

索罗斯把用于捐助的钱投向东欧和苏联地区，是受了波普尔的深刻影响。他也认为，这里是不开放的社会。到这里捐助，是想通过金钱和教育的作用，帮助这一地区的人民，从原有的制度转向开放的社会制度。正因为有这一目的，索罗斯在选择资助对象的时候，很注意从地理政治的角度考虑问题。

在资助对象问题上，索罗斯也有明确的选择标准。

他的主要目标是那些贫困的大学生和科学家。他从 1984 年起，就以每年捐助 300 万美元的规模，在匈牙利成立了一个开展文化教育资助活动的基金会。他让一个名叫米克罗思·瓦萨赫利的人担任该基金会的负责人。

此人在1956年匈牙利动乱时期，曾任该国总理新闻发言人。苏联入侵匈牙利后，他被开除出共产党，并判了5年监禁。从这里不难看出，索罗斯在慈善活动的背后，还是有明确的政治目的的。

在向东欧地区进行经济援助的同时，他也把自己从卡尔·波普尔那里学习来的关于开放社会的思想，向获得他资助的人们推销。

有人说，索罗斯是用金钱来实现波普尔书本上的东西。尽管索罗斯喜欢政治哲学，可是，他却没有深刻的足以赢得信仰者的思想。于是，他就用金钱来补偿自己的不足。

索罗斯在有了钱之后，非常关心政治。他在80年代后期，曾经向英国首相撒切尔夫人提议，与她当面讨论一项援助苏联的计划，通过援助，促使苏联变为开放的社会，他还为这个计划起好了名字，称之为“撒切尔计划”。

然而，撒切尔夫人根本就不知道索罗斯是何许人也，所以，压根没有把索罗斯和他的计划放在眼里。直至撒切尔夫人下台之后，才有心思打听索罗斯为何方神圣。

当得知他已经是在华尔街小有影响的财东时，才与他通了一次电话。如果索罗斯当初就是腰缠数十亿美元的阔佬，而且正在寻求资助的对象，那么，撒切尔夫人不管多么忙，也要与索罗斯见上一面的。

不过，在20世纪80年代末期，冷落索罗斯的国家首脑绝不是只有撒切尔夫人一人。

戈尔巴乔夫也这样对待过索罗斯。索罗斯想见一见戈尔巴乔夫，以便与他讨论援助苏联科学家的工作，可是，正在国际舞台上走红的戈尔巴乔夫，会见各国要人还忙不过来，哪儿有时间会见一个在当时并不出名的金融投机者呢？

当时的戈尔巴乔夫肯定想不到自己会成为一个解体国家的总统，也肯定不会预见索罗斯能够成为世界级的富豪。如果他有这种预见的话，也肯定不会冷落索罗斯。

受到国际政要人物冷落的索罗斯，并没有丧失对政治的热情，他明白，这是由于他的钱太少，还不足以引起政治家们的注意。于是，他更加投入地去赚钱，然后，把赚来的钱更多地投入到带有政治性质的慈善活动中去。

索罗斯没有因为戈尔巴乔夫的冷落而减少对苏联的援助。相反，他加大了资助的力度，以便尽快促使那个让他讨厌的政权的解体。

当索罗斯在欧洲乃至世界范围内出了名之后，许多政治要人联系与他会见。

一次，有一位记者对他说："索罗斯先生，请问，你觉得一个人成为亿万富翁之后，有什么好处呢?"

这时，索罗斯一下子联想到因为捐助之事约见撒切尔夫人和戈尔巴乔夫甚至美国的布什总统而被拒绝的情景，于是，他意味深长地回答："我认为，成为亿万富翁之后，你可以和有意思的人见面，这就是成为亿万富翁的好处。只是现在邀请的人很多，反而哪里也没有时间去了。"

接着，索罗斯还幽默地说："我很不愿意想象，如果我没有赚到钱会是什么情景呢？应该说我的理念不会发挥多少作用，还有就是那些有意思的人不会主动邀请我，更不会和我见面。"

从上述这些事情和索罗斯自己的谈话，不难看出，索罗斯进行慈善活动，有着明确的政治目的。他要通过金钱，来实现仅仅靠书本和教学所无法实现的改变。

索罗斯是金融投机领域的思想家。他以赚钱为乐趣，而不把赚钱当成目的。不管他的政治思想是进步还是反动，也不管他的行动是推动了历史，还是阻碍了历史的发展。

至少有一点是清楚的，一般的金融投机分子是以赚钱和满足物质欲望为目的，而索罗斯却把赚来的钱用到满足自己的历史责任感上来。

索罗斯想用金钱的作用，来实现他自己在别的道路上实现不了的政治目的。

索罗斯自己曾说过，少年时期，他有过做超人的幻想，也有过做救世主的冲动。他现在觉得这已经不是什么幻想，有些已经实现了。

他说："有时我对自己的成就惊叹不已。我到处旅行，走过我资助过的人群时，受到的是欢迎甚至欢呼，那些得到过我的资助的人，常常用赞颂的言语来评论我。"

这使索罗斯感觉到，他的金钱帮助他实现了少年时代的幻想。

索罗斯并不反感人们对他的赞扬，他认为，这正是他的历史作用的证明。他说，他可以接受别人对他的好评，有时候他从别人对他的好感中得到很大的满足，认为这是他实现了自己的雄心的一种评价。

索罗斯从来就不否认自己想影响历史。

他说："你可以说我是对历史上瘾的人，因为我真的想影响历史，有意思的是我已经开始克制我在这方面的兴趣。我曾经几乎是不择手段地想拥有对历史的影响力，希望被别人认为是重要的。"

"然而，当我有了影响力之后，反而变得比较平静了。不像过去那样急不可待地发挥影响力了。我觉得这样的效果更好，我不必急着去人们不敢去的地方，不再勉强推销自己的理念，我要保持一定距离，保持一种姿态，以便等待别人来向我征求意见，而不是主动把我的意见说给他们听。我不否认，成为历史舞台上的一个角色，对我非常有吸引力。"

在东欧和苏联发生巨变的过程中，索罗斯确实扮演了一个积极的角色。他到处访问，出资捐助等。尤其是，他千方百计地要和美国、苏联以及英国的政府首脑们见面，以便推销他的关于开放社会的计划。

索罗斯不是那种知难而退的人，越是不被政客们注意，他越是加倍努力。当他制造出足以让全球震惊的金融投机活动，和赚到了足以让政治家们眼红的巨额美金之后，他参与政治活动，想在历史上制造一点影响的目的终于达到了。

在东南亚金融危机问题上，据说，索罗斯就是带着鲜明的政治目的而来。他对于东盟准备接纳军人执政的缅甸表示出强烈的不满，于是，就盯住了经济发展暴露出严重问题的泰国等国的金融领域，并以距离缅甸最近的泰国为突破口，挑起了一场给东南亚各国和地区造成上千亿美元损失的金融风暴。

尽管索罗斯的政治目的并没有达到，但是，他的行为给这一地区带来的威胁却是相当严重的。从这个意义上看，索罗斯企图影响历史的愿望实现了。只不过，他在东南亚对历史产生的影响是消极的。他的行动使这一地区的经济发展倒退了很长时间。

索罗斯的慈善活动在苏联、东欧甚至美国引起了广泛的影响。他的行为之慷慨和捐款数额之巨大，都在国际上产生了受人关注的作用。有的材料显示，自从20世纪80年代以来，索罗斯用于慈善活动的捐款，超过了10亿美元。这个数额确实是巨大的。

因此，索罗斯的慈善活动已经成了一种社会范围的现象。那么，怎样看待索罗斯的捐助活动呢？

索罗斯的捐助活动有很大的两面性。一方面，它有积极的社会意义。不管索罗斯的钱是怎么来的，反正他支配的钱是属于他自己的，既然是自己的私人财产，他就有权在合法的范围内任意使用。

他可以用钱来满足个人的享乐，可以过穷奢极欲的生活，可以随意挥霍。他也可以广置田宅，荫蔽子孙，还可以化作为儿孙们的财产，让他们祖祖辈辈继承下去，并永远过上等人的日子。因为这是他的钱，他有权这样做。

然而，索罗斯不是一个普通的富翁。他把巨额资金用在了捐助科学家和大学教育事业上了。

索罗斯还捐助东欧的学生们，让他们在社会的动荡中能够继续读书。捐助某些罪犯，以便使他们出狱后能够找到工作。这些活动不能说不是积极的，进步的。也不能说这些活动本身有什么坏作用。

另一方面，索罗斯获得钱的方式具有极大的破坏性。虽然现在还没有法律来说明索罗斯从事金融投机的这些举动是一种犯罪行为，但是，他在自己赚取巨额利润的同时，给受害国家和地区的经济带来了巨大的危害，这不能不说是起着一种消极作用。

我们称索罗斯的捐助活动具有两面性，是基于这样一个道理，这就是，他有强烈的历史感，他用大笔的钱捐款，而为了实现他的这一目的，索罗斯不得不继续从事他的金融投机活动，也就是说，他不能停止带有破坏性的赚钱活动。

对此，马来西亚总理马哈蒂尔曾经愤怒地说，他是一个没有感情的人，他靠没有任何生产作用的买卖货币大发横财，却把许多人推入贫困的深渊。他绝不是一个善良之辈。

马哈蒂尔还说，索罗斯想为慈善出力，而导致穷人更穷，这表明他是通过抢劫穷人来证明他的爱心。他的行为导致了穷人受害，损失了他们原来收入的10%—25%。因此，索罗斯是从那些刚崛起的国家诈取金钱，从而导致了这些国家的穷人更加穷困。反过来，他又拿这些诈取来的钱去搞慈善活动。

这不能不说是一种矛盾。在这个矛盾中，受害的和受益的是不同的人群，受害的人当然要痛骂索罗斯，而受益的人们则理所当然地感激索罗斯，为他唱赞歌，接受他的某些理念。

作为索罗斯本人，他没觉得搞金融投机有什么不对，反而从慈善活动和受益者的赞扬中得到从来就没有过的良好感觉。

索罗斯喜欢矛盾，他在自己矛盾的一生中，不断地制造着带有很浓的矛盾色彩的故事。

有人说，索罗斯的捐赠活动有着明确的政治目的，接受捐助者应该有清醒的头脑，不要被几个美元的捐款搞昏了头脑，以致成了索罗斯的精神俘虏。

在科技股泡沫破裂后不久，量子基金的明星基金经理德鲁肯米勒和尼克·罗迪即辞职。紧接着，索罗斯基金管理公司继索罗斯后的第二任首席执行官邓肯·海恩斯也挂冠而去。

索罗斯不得不亲自出马，对索罗斯基金管理公司进行重组。2001年，量子基金一度重拾荣耀，在标准普尔500指数下挫的市场环境中，量子基金的投资回报率是13.8%，是同类基金的3倍以上。

索罗斯本想借此让长子罗伯特·索罗斯从此接下江山，但是后者对此缺乏足够的兴趣。

无奈，2001年10月，索罗斯通过猎头公司请来曾在“德盛投资”掌管600亿美元的比尔·斯戴克作首席执行官。2002年年初，他又请来曾在“老虎基金”和“Maverick Capital”任主管的毕晓普任索罗斯基金管理公司的首席投资主管。

但他们实在是命运不济。在2002年，量子基金亏蚀了1.7%。

竞争对手在此际则大赚：中东战争的威胁和美元贬值都为索罗斯所代表的“环球宏观基金”，根据对全球经济趋势的评估进行投资或投机买卖的一种大规模对冲基金——超越股票投资型基金提供了难得的机会。瑞士信贷第一波士顿对冲基金指数显示，在2002年，“环球宏观基金”的平均投资回报率是14.66%，普通的对冲基金则只有3.04%。

同时，索罗斯本人的声誉也面临严重挑战：2002年年底，法国检察官表示，索罗斯获得法国兴业银行可能被收购的内幕消息，而买入大量法兴股票，从中获取近200万美元的利润。法国法院由此对索罗斯处以220万欧元的罚款。

索罗斯的律师表示，当时的法国法律对内幕交易的定义比现在窄得多，即使在现行法律下，索罗斯所得的资料也不足以构成内幕交易。索罗斯本人则表示指控毫无根据，对裁决感到震惊失望，为了表示自己的无辜，他表示会上诉到底。

此际，斯戴克一年的合同已经到期，重压之下的索罗斯并没有与其续约，而是在该年年初请来高盛亚洲的前主席施瓦茨接任，负责管理索罗斯基金管理公司及自己的个人投资。

在施瓦茨上任 5 个月后，毕晓普也离职，4 名分析员和两名行政人员也随其出走。分析人士认为，毕晓普的离职，固然与其业绩因素有关，但在施瓦茨这个强人的监管下，“工作是十分困难的事”。

索罗斯的确对施瓦茨寄予厚望。在写给投资者的信中，他说道：“马克的使命是把索罗斯基金管理公司打造成一个卓越而长寿的资金管理组织，确保给股东带来满意的回报。”

施瓦茨的“第一把火”便是关闭了索罗斯基金管理公司的伦敦对冲基金业务，借此重新评估索罗斯基金管理公司旗下的对冲基金公司的运作。

高层的频繁更换正是索罗斯修正投资策略的一个典型体现，采用较为保守和低风险的投资策略，目的是“换取较为可靠的收入，为慈善活动出资”。

熟悉索罗斯情况的人士表示，他已成为包括东欧在内新兴市场的主要炒家，正通过一项 45 亿美元的合伙项目，低调加强在地产方面的投资。

索罗斯基金管理公司一名前行政人员表示，其实索罗斯仍不忘令他一度显赫一时的外汇炒卖，只是炒卖规模已今非昔比。索罗斯大幅削减炒卖规模，以适应熊市的投资市场。

但从 2002 年开始，他开始扭转 2001 年的投资取向：由外界经理管理的资金，重新由基金内部人士管理。索罗斯自己甚至也重新披挂上阵，亲掌 70 亿美元的量子基金及其他投资工具。

索罗斯基金管理公司已不是单纯意义的“环球宏观基金”，它也交易垃圾证券、可转换债券和长短仓持股。

不过，索罗斯仍非常热衷于慈善事业和国际政治问题。索罗斯本人也是小布什内阁政策路线的尖锐批评者。

在美伊战争打响前，索罗斯就把布什的对伊政策批评为“泡沫霸权”。他表示，美国目前对于霸权的追逐让他联想起泡沫股市：无论伊拉克战果如何，“布什的政策都会失败”。

2004 年 8 月，索罗斯捐款 1000 万美元，发起成立了一个“美国人团结起来”的组织，其主要目的就是要在下届美国总统选举时让布什落选。

结束投资生涯

2011 年 7 月 27 日，索罗斯基金管理公司致信全体股东，索罗斯结束了自己的对冲基金经理人的身份，不再为外部投资者理财，结束了近 40 年的对冲基金经理人生涯，其掌管的总额为 255 亿美元的基金管理公司也将向外部投资者返还资金。

今后，索罗斯将专心经营自己家族的投资业务。

以下为索罗斯致股东信件的全文，由他的两个儿子签署：

我们写这封信是为了通知你们，不久前美国证交会（SEC）公布了基金监管方面的一个重大调整。也许你们已经知道，新的监管规定要求某些私人投资顾问必须在 2012 年 3 月以前向 SEC 注册。如果一个投资机构作为一个家族组织运作，它就无须遵守这方面的规定。

2000 年以来，索罗斯基金管理公司实际上已作为一个家族机构在进行运作，当时索罗斯先生宣布对投资重点进行调整，量子基金将改名为量子捐赠基金。

直至现在，我们一直可享受监管方面的豁免，这使得外部股东的利益可与家族投资者保持一致并继续向量子基金投资。依照新的监管规定，这些豁免条款已不再适用，索罗斯基金管理公司必须完成转型为家族机构的交易，虽然 11 年前它已经开始这样运作。

这一新情况所产生的一个不幸后果是，依据新监管规定的定义，我们不能再为家族客户之外的任何人管理资产。因此，索罗斯基金管理公司将要求量子基金董事会将相对少量的不合规定的资本在监管规定生效前返还给外部投资者，而新规定很有可能将在今年年底生效。

未来几个月中，你们将收到资本返还的操作细节，但我们必须建议你们尽快采取行动，这样你们才好作出相应的规划。

索罗斯基金管理公司将继续致力于达成为客户带来超级回报的目标，将继续以业界的最高标准来进行商业运作。但是，未来我们的投资建议只能服务于索罗斯家族的账户和相关实体。

我们还要遗憾地通知大家，除了公司不再服务于外部投资者外，安德森先生已决定离开公司，寻求个人其他的发展机会。2008年年初他以首席投资官的身份加盟索罗斯基金管理公司，领导公司度过了金融危机及危机后的复苏期。我们非常感谢他对公司成功所作的贡献。他离开时留给我们的是一个具有活力和强大的投资机构。

对于过去近40年中选择将资本投向索罗斯基金管理公司的客户，我们要表达深深的感谢。我们相信，时间已告诉你们，你们的决定已得到出色回报。

索罗斯基金管理公司副主席：乔纳森·索罗斯、罗伯特·索罗斯

2011年7月26日

据悉，退休后的索罗斯将把更多精力用于慈善事业。

附 录

我必须改变人们对我的看法，因为我不想仅仅是一名富翁，我有东西要说，我想让政府听到我的声音。

——索罗斯

经典故事

1000 元的鞋子比 50 元的便宜

有很多东西看起来比较贵，这些贵的东西却会为你省下不少钱。

金融大鳄索罗斯有着精辟的分析，索罗斯是这样解释的："我有一双皮鞋，买时花了 1000 美元，穿了 10 多年换过两次底。我觉得比我儿子 50 美元买的鞋要便宜得多。我们算算看！买皮鞋时我花了 1000 美元，10 年中换过两次底，每次花费 50 美元。10 年中我大约穿了 2000 天。成本是 1100 美元，将 1100 美元在 2000 天中分摊，平均每天所需要的成本为 55 美分。"

他儿子买的鞋子平均在 50 美元左右，但他每年穿破大概 7 双"耐克"或"阿迪达斯"。他每双鞋子的寿命大约在四五十天。每双鞋子的成本在 1.25 美元至 1 美元之间。

一定要在故事讲完之前离开

索罗斯说过，一定要在故事讲完之前离开，可谓至理名言。说的更形象一点，闹哄哄地参加一顿宴席，如果谁吃，吃谁都不知道，那就要在宴席结束前离开，否则就要买单了。

如果不参加，占不到便宜，而非要等到最后一道赠送的水果，多半是要掏钱买单的。常常向左邻右舍顾盼一番，如果找不到谁买单，那买单的就是你。

年谱

1930年，生于匈牙利布达佩斯。

1944年，德军入驻布达佩斯，索罗斯全家躲过劫难。

1947年，前往伦敦寻求发展。

1949年，进入伦敦经济学院学习。

1953年，毕业后开始金融生涯，随后成为一名套利交易员。

1959年，转投经营海外业务的公司。

1963年，开始为爱霍德·布雷彻尔德公司效力，并在1967年凭借擅长经营外国证券的才能晋升公司研究部主管，之后说服公司建立两家离岸基金——“老鹰”基金和“双鹰”基金，在他的操作下均盈利颇丰。其间他联手罗杰斯成为华尔街上的最佳黄金搭档。

1973年，与罗杰斯离开爱霍德·布雷彻尔德公司，创建了索罗斯基金管理公司，通过低价购买、高价卖出的投资招数以及卖空雅芳化妆品公司等交易，使基金呈几何数增长。

1979年，公司更名为“量子基金”。

1980年，量子基金增长102.6%，但同时罗杰斯决定离开公司。

1981年，因误判美国公债市场行情而遭遇量子基金的首次大损失，下降程度达22.9%。

1982年，索罗斯运用自己的“繁荣—萧条”理论成功预测里根政府下美国经济的繁荣，至1982年年底，量子基金上涨了56.9%。

1985年，因成功预测西德马克和日元即将升值而美元贬值，通过做多西德马克和日元前后总计赚了大约1.5亿美元，量子基金在华尔街名声大噪。

1987年，因误判日本证券市场即将崩溃而将资金转移到华尔街，结果却损失了约6.5亿—8亿美元，使量子基金净资产跌落26.2%。

1992年，抓住英镑无法维持高汇率的时机成功狙击英镑，获利近10亿美元，基金增长67.5%，一跃成为世界闻名的投资大师。

1994年，因卖空马克和日元损失6亿美元。

1997年，成功狙击泰国泰铢，随后扫荡东南亚各国金融市场，造就轰轰烈烈的东南亚金融危机。

1998年，索罗斯进攻港币失败，获利希望落空。量子基金元气大伤。

2000年，宣布关闭旗下两大基金“量子基金”和“配额基金”，基金管理人德鲁肯米勒和尼克·罗迪“下课”。

2001年，将量子基金重新命名为“捐赠基金”，这个基金会把大部分资金转让给外聘基金经理，主要从事低风险、低回报的套利交易。

2003年，索罗斯基金会驻俄办公室被勒令关闭。

2007年，次贷危机爆发后他重新入局，量子基金该年实现了32%的回报率。在危机扩大的2008年基金回报率依旧达到近10%。

2011年，退休，从事慈善事业。

名言

● 市场总是错的。

● 身在市场，你就得准备忍受痛苦。

● 我生来一贫如洗，但决不能死时仍旧贫困潦倒。

● 要想获得成功，必须要有充足的自由时间。

● 在股票市场上，寻求别人还没有意识到的突变。

● 重要的不是你的判断是错还是对，而是在你正确的时候要最大限度地发挥出你的能量来！

● 如果你经营状况欠佳，那么，第一步你要减少投入，但不要收回资金。当你重新投入的时候，一开始投入数量要小。

● 不知道未来会发生什么并不可怕，可怕的是不知道如果发生什么就该如何应对。

● 股市通常是不可信赖的，因而，如果在华尔街地区你跟着别人赶时髦，那么，你的股票经营注定是十分惨淡的。

● 如果你的投资运行良好，那么，跟着感觉走，并且把你所有的资产投入进去。

● 炒作就像动物世界的森林法则，专门攻击弱者，这种做法往往能够百发百中。

● 我不愿意花很多时间和股票市场的人们在一起，我觉得他们讨厌，和知识分子在一起比和商人在一起感觉要舒服得多。

● 很多年我都拒绝把它（投资）作为我的职业，它是达到目的的手段。现在，我很乐意去接受——事实上，这就是我一辈子的事业。

● 我认为我不是一名商人，我投资别人经营的商业，因此我是一位名副其实的评论家，在某种程度上你们可称我是世界上薪水最高的评论家。

● 我是金融市场的参与者，我会按照自己定的规则来玩这个游戏，我不会违反这些规则，所以我不觉得内疚或需要负责任。

● 我已经和公司打成一片。它以我为生，我也和它生活在一起，日夜形影不离……它是我的情人。我害怕失去它也担心失败，并尽量避免失误。这是一种悲惨的生活。

● 人们认为我不会出错，这完全是一种误解。我坦率地说，对任何事情，我和其他人犯同样多的错误。不过，我的超人之处在于我能认识自己的错误。这便是成功的秘密。我的洞察力关键是在于，认识到了人类思想内在的错误。

● 数学不能控制金融市场，而心理因素才是控制市场的关键。更确切地说，只有掌握住群众的本能才能控制市场，即必须了解群众将在何时、以何种方式聚在某一种股票、货币或商品周围，投资者才有成功的可能。

● 作为一名市场运作者，我有理由回避这种身份，因为它是有害的；但我不再是市场运作者了。我的声音在政治问题上也被听到了，正是这一点，我发现它很有用。

● 我的基金已变得如此庞大，以至于如果我不花些钱的话，它就没什么意义了。而且似乎挣钱比花钱还容易点，我看起来在挣钱方面比在作出正确的用钱决定方面更具才华。

● 经济历史是由一幕幕的插曲构成，他们都奠基于谬误与谎言，而不是真理，这是赚大钱的途径，我们仅需要辨别前提为错误的趋势，顺势操作，并在他被拆穿以前提早脱身。

● 经济史是一部基于假象和谎言的连续剧，经济史的演绎从不基于真实的剧本，但它铺平了累积巨额财富的道路。做法就是认清其假象，投入其中，在假象被公众认识之前退出游戏。

图书在版编目(CIP)数据

索罗斯／刘力编著. —北京:中国社会出版社，2014.8

ISBN 978-7-5087-4767-5

Ⅰ. ①索… Ⅱ. ①刘… Ⅲ. ①索罗斯,G. -传记 Ⅳ. ①K837.125.34

中国版本图书馆 CIP 数据核字(2014)第 123971 号

书　　名：索罗斯

编 著 者：刘　力

出 版 人：浦善新

终 审 人：李　浩

责任编辑：侯　钰　　　　　责任校对：籍红兵

出版发行：中国社会出版社　邮政编码：100032

通联方法：北京市西城区二龙路甲 33 号

编 辑 部：(010)58124865

邮 购 部：(010)58124845

销 售 部：(010)58124848　传真：(010)58124856

网　　址：www. shcbs. com. cn

经　　销：各地新华书店

印刷装订：北京威远印刷有限公司

开　　本：170mm × 240mm 1/16

印　　张：13

字　　数：200 千字

版　　次：2015 年 1 月第 1 版

印　　次：2015 年 1 月第 1 次印刷

定　　价：26.00 元